フランス料理の応用力を鍛える

エスコフィエの
新解釈

旭屋出版

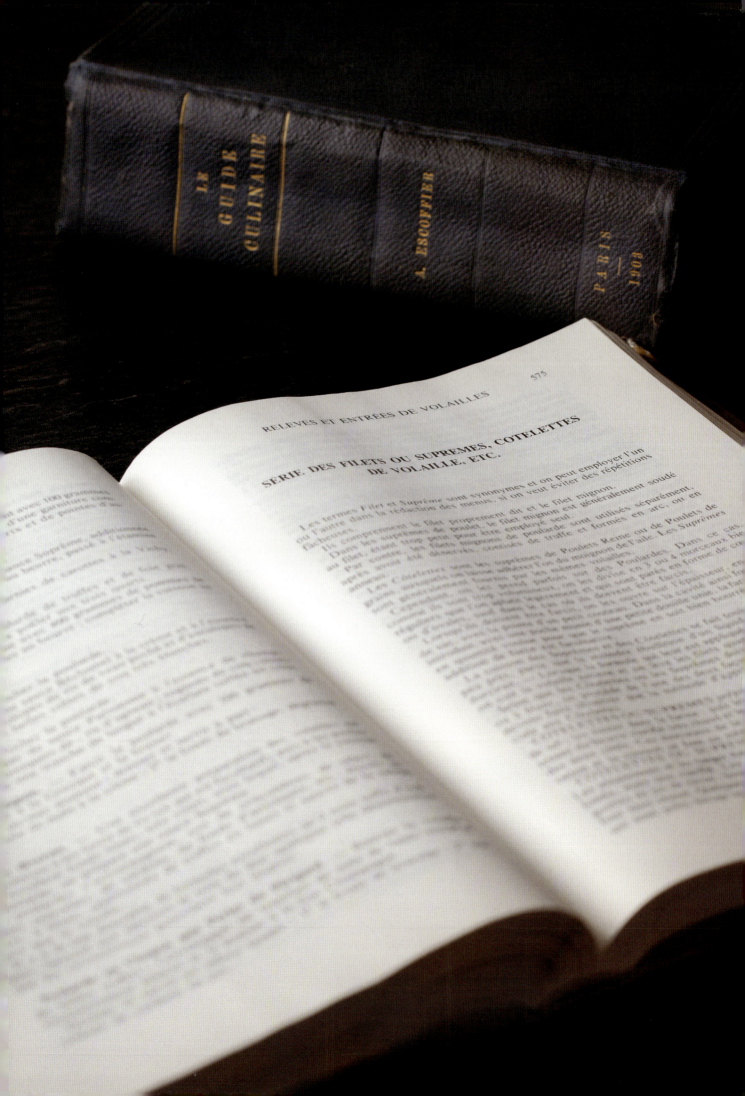

進化は古典から生まれる

はじめに申し上げたいのは、オーギュスト・エスコフィエが著した『料理の手引き（ル・ギッド・キュリネール）』は、単なる基礎教科書ではないということです。

たしかに、膨大な調理技術と5千を超えるレシピをテーマ別に体系化し、現代レストランの基本スタイルを確立したこの本を勉強すれば、フランス料理の基礎が間違いなく身につきます。あの料理も、この料理も、定番といわれる料理はすべて網羅していますし、フランスの文化や、料理人としての考え方、料理に取り組む姿勢など、料理哲学についても学ぶことができるので、読んでおけば、フランス料理人としての教養もひととおり習得できるはずです。

フランス料理が世界中で愛され、発展することができたのは、『料理の手引き』という体系化された教科書のおかげで、フランスから遠く離れた土地でも「フランス料理とはどんな料理なのか」を正しく理解できたことが大きな要因であったことも明白でしょう。

それだけでも十分すぎるほどに価値がある名著ですが、そこで終わらないのがこの本の素晴らしいところです。**ここには、新しい料理を生み出すヒントがこれでもかと詰まっているのです。**

たとえば、食材同士の組み合わせ。定番化したものがあるいっぽうで、一般のレストランまでは浸透せず、歴史のなかに埋もれてしまった料理も数多く、いま読んでも驚きに満ちた組み合わせに出会えます。現代ではすたれたやり方も、視点を変えれば新しい効果を発見できるかもしれません。盛りつけ方法にも趣向が凝らされているので、アーティスティックな感性をくすぐられる人もいるでしょう。

フランスの料理界でもっとも栄誉ある称号、M.O.F（フランス国家最優秀職人賞）の試験でも、ほぼ必ずこの本から出題されているほどです。基礎をすでに習得し、新しい料理の開発に取り組もうとしている人にこそ、この本は真価を発揮するのです。

本書では、『料理の手引き』をシェフたちが実際どんなふうに活用・解釈しているのか、彼らの柔軟な発想を原書の翻訳と比較しながら紹介しています。

料理は常に進化していますが、進化の前には、必ず先人が築いた土台があります。

当時、複雑だったフランス料理を簡素化し、画期的な革新を行ったエスコフィエもまた、先人であるアントナン・カレームを敬愛し、ユルバン・デュボワとエミール・ベルナールの共著『古典料理』（1856年）を熟読していました。

エスコフィエは、序文のなかで次のように語ります。

「料理が進化すればするほど、我々料理人たちにとって、19世紀の料理の行く末に大きく影響を与えた三人の料理人の存在は大きなものとなるだろう。（中略）いろいろな料理書、雑誌を読むのもいいが、偉大な先達の不朽の名著をしっかり読むように。諺にあるように『知りすぎることはない』のだ。学べば学ぶほど、さらに学ぶべきことは増えていく。そうしていくうちに、思考も柔軟になり、料理が上達するためにより効果的な方法を知ることもできるようになるだろう」

先人から謙虚に学んだエスコフィエの著書が100年経った現在でも「料理人のバイブル」として読み継がれる存在となったように、『料理の手引き』を読み込んで柔軟な思考で作れば、100年後まで残る料理が完成するかもしれません。

CONTENTS

自分のルーツを『料理の手引き』で確認する
エスキス　リオネル ベカ　006
「ア・ラ・グレック」から着想した火入れ
　「タルタルソース」から派生したソース ……………………… 008
「トマトソース」を生かす ……………………………………… 010
「ア・ラ・フランセーズ」の調理法にヒントを得て ………… 012
「仔牛のソテ、ア・ラ・ペイザーヌ」から派生したシュック、
　「仔牛のブランケット」から発展させた仔牛と藁のエミュルション … 014

『料理の手引き』の技術を適材適所で活用し、リヨン料理に磨きをかける
サラマンジェ ドイザシ ワキサカ　脇坂 尚　016
ロニョン・ド・コックのファルシ ……………………………… 018
貧乏人のフォワグラのトリュフ ………………………………… 020
鶏レバーのケーキ　リ・ド・ヴォーのフリカッセ添え ……… 022
アシ・パルマンティエとフォワグラのプレセ ………………… 024
ホロホロ鳥のジャンボノー　ビーツのコンソメ ……………… 026
カルボナードのパテ ……………………………………………… 028

見逃されてきた技術の、真の価値をすくい上げる
アンドセジュール　河井健司　032
ゴディヴォ、仔牛肉とケンネ脂のファルス …………………… 034
牛テールの澄んだポタージュ・フランス風 …………………… 036
フォワグラのブリオシュ包み（ストラスブール風） ………… 038
とうもろこしのスフレ・パプリカ風味 ………………………… 040
サーモンのコトレット・ポジャルスキ ………………………… 042
モスコヴィット・アラクレーム ………………………………… 044

『料理の手引き』をおいしさの根拠に、自分の感性を上乗せする
ラトゥーエル　山本聖司　046
レチュ・骨髄添え ………………………………………………… 048
オマール・クラレンス …………………………………………… 050
舌平目のグリル焼き、牡蠣添え・アメリカ風 ………………… 052
肥鶏・タレーラン ………………………………………………… 054
ペッシュ・アンペラトリス ……………………………………… 058
仔鳩のタンバル・ラファイエット ……………………………… 060

新生「東京會舘」
松本浩之の伝統モダンへの挑戦 063
舌平目の洋酒蒸　ボンファム ………………………………… 064
伊勢海老のテルミドール ……………………………………… 066

視点をずらし、古い技術に
新たな価値を見出す
ル ヴァンキャトル　北野智一　068
ブロシェのクネル・リヨン風 ………………………………… 070
牛セルヴェルのマトロット …………………………………… 072
エイ・焦がしバター …………………………………………… 074
仔牛ロニョンのクルート ……………………………………… 076
仔鳩とプチポワ ………………………………………………… 078
ペッシュ・アンペラトリス …………………………………… 080

エスコフィエの「意図」を拡大し、
コースに合わせてアレンジを施す
グリグリ　伊藤　憲　082
トマトのムース、アールグレイの香り ……………………… 084
厚岸牡蠣とそのスープ、炭のクルトン ……………………… 088
スペルト小麦のタルトレット、ビールとオレンジの香り … 090
仔牛の枝、カマンベールのモワルー、ミントの香り ……… 092
尾長鯛のロースト、ソース・ショコライヴォワール ……… 094
鰆と牛蒡のキャラメリゼ、ほうじ茶のソース ……………… 096

理解をさらに深める **原書注解集** 097

翻訳家×料理人の共同プロジェクト
『料理の手引き』新訳・全注解に挑む 100

リオネル　ベカが語る
エスコフィエと食の未来 104

取材にご協力いただいたシェフとお店の紹介 105

カラーページで紹介した料理の作り方 107

『料理の手引き』
原書翻訳・注釈　五島　学

本書を読むにあたって
・『料理の手引き』の翻訳は現行の第4版（Auguste Escoffier, Le guide culinaire, Flammarion, 1921-2009.）を底本としています。
・解説文の上部に記載した料理名（書体が明朝体のもの）は、『料理の手引き』に掲載されている名前です。料理写真の中に記載した料理名（書体がゴシック体のもの）は、シェフが作った料理の名前です。なお、両者の名称が同じ場合には、シェフの料理名は記載していません。
・料理で使用する器具やベースのフォンなどは、各店での呼び名で表記しているため、同じものでも違う名称で掲載されている場合があります。

自分のルーツを
『料理の手引き』で確認する

Portrait by: Andrea Fazzari
(@tokyo_new_wave)

ESqUISSE
レストラン エスキス

Lionel Beccat
リオネル ベカ

　卓越した感性をストレートにぶつけた「クリエイティブな料理の作り手」との呼び声が高いリオネル・ベカシェフは、店のスタッフたちにも、自身の感性を磨くために、料理書より、異なる分野の芸術にふれることを積極的に勧めているという。

　だが、エスコフィエの『料理の手引き』だけは特別だ。調理場に常に置き、スタッフなら誰でも好きなときに読める環境を整え、ことあるごとに「料理の手引きでは何と書いてあるか」を確かめさせる。自身もタブレット型端末に電子書籍版をダウンロードして持ち歩き、仕事前にはページをめくるのが習慣になっている。新しい料理を考案するさいにも、まずは『料理の手引き』を開くことからはじめる。

　「フランス料理は、味作りのロジックが非常にしっかりしています。下ごしらえにはじまり、味の構成から凝縮まで、ピラミッド型の理論で成り立っている。このピラミッドさえ理解しておけば、どんなに個人的な思い入れを加えても、フランス料理らしい奥行きのある料理に仕上がります。そのロジックを学ぶのに、『料理の手引き』は唯一無二の存在感を放ちます。

　私の料理は、「自由」だと解釈されることが多いようですが、実際にはフランス料理のピラミッドをなにより強く意識しています。自由な感性を発揮するのは、盛りつけぐらいでしょうか。

　やりたいアイデアが先走りそうになることもありますが、そんなときこそ『料理の手引き』に立ち返ります。自分はこの料理をどう解釈し、どのエッセンスを抽出したいのか。この料理にどんなエッセンスを加えたいのか。本と自分の考えをつき合わせ、ていねいに確認作業を行いながら、料理の全体像を組み上げていきます。

　最近はインスタグラムなどのSNSで、世界中のシェフの料理を画像で簡単に見ることができますね。ですが、画像で分かるのは、シェフたちの「アーティスティックな部分」だけです。もっとも大切なピラミッドの基盤部分は、画像には表れてきません。どんなに眺めても、その人の感性は感じられても、料理そのものを理解する助けにはならないのです。

　トップシェフたちの料理を真に理解したいと思うなら、彼らの根底にあるもの ── つまりフランス料理のロジックを知る必要があります。

　エスコフィエは、インテリジェンスで気品に満ちあふれた人でしたが、独創的な料理人ではありませんでした。彼の功績は、フランス全土に散らばった料理をかき集めて正確に記録し、レストランのあり方や料理人としての生き方までも含め、フランス料理を体系化したことにあります。

　『料理の手引き』は、一料理人の考えを学ぶ本というより、長い歴史の中で培われたフランス料理そのものを学べる聖書です。これさえ読めば、今日までの偉大なシェフたちのルーツが理解でき、ひいては自分自身の料理のルーツも理解できるはずです」

　リオネルシェフは、日本に来てから『料理の手引き』を開く機会がことさら増えた。フランス文化から物理的に離れた土地で暮らしながら、フランス料理を表現し続けるには、常に自分のルーツを確認する必要がある。そのよりどころとなる存在が、ほかでもない『料理の手引き』なのだ。

食感を残した火入れを可能にする
レモンと塩の作用

アーティチョーク・ギリシア風
Artichauts à la grecque

　ア・ラ・グレック＝ギリシア風は、レモンと塩の作用をうまく使った料理だ。レモン汁と塩入りの液体に漬け込むことで野菜の繊維が柔らかくなり、浸透圧で水分が適度に抜け、かわりに味が染み込む。火入れを「適度に水分を抜き、タンパク質や繊維を変性させること」と定義するリオネルシェフは、ア・ラ・グレックを「火を使わない火入れ」ととらえ、野菜のフレッシュさを生かしたいときに積極的に採用している。

　今回使ったのはアスパラガス。定石どおりにゆでてからマリネ液に漬けるのではなく、ミックススパイスと自家製の塩レモンを直接生のアスパラガスにすり込む。マリネ液から水分を除いて効率よく素材の水分を抜き、低温短時間の火入れでも味を引き出すのが狙いだ。この方法なら、くたくたに煮込んだときのアスパラガスの甘味やうま味を、フレッシュな食感を残したまま味わうことができる。

　ソースは、マヨネーズのかわりにアボカドを使ったタルタル。味も食感も繊細になり、アスパラガスの風味をいっそう引き立てる。健康志向の高まりで、タルタルやマヨネーズを敬遠する人が増えたが、栄養価が高いアボカドなら、コレステロールやトランス脂肪酸への不安もなく、健康を気遣う人でも罪悪感なくソースを楽しめる。

（作り方は107ページへ）

皮をむき、ミックススパイスと塩レモンの粉末をすりつけ、30分おいて水分を外に出す。塩レモンは発酵食品ならではのうま味があり、単純に塩とレモンを使うより奥深い味に仕上がる。

アボカドのなめらかなピュレに、タルタルソースの材料を混ぜ合わせる。固ゆで卵は卵黄のみ使用し、裏漉してから加えることで、なめらかな食感に仕上げる。

原書訳文

　ごく小さな、まだ内部に繊毛が出来ていないサイズのアーティチョークを選ぶ。外側の固いがくをナイフでむき、上部を切り落す。下茹でして冷水にさらす。これを沸かしたマリナードに投入していく。マリナードは、アーティチョーク15〜20個の場合、水1ℓ、油150mℓ、塩10g、レモン果汁3個分。
　さらに、フェンネル、セロリ、コリアンダー、粒こしょう、タイム、ローリエの葉を、それぞれの香りの強さに応じて量を調整して加え、風味を付ける。
　アーティチョークに柔らかく火が通ったら、取り出してバットなどに並べ、マリナードを注いでそのまま冷ます。氷の上に置いてよく冷やして、マリナードを添えて供する。

タルタルソース[1]より
　固茹で卵の黄身8個をすり潰して滑らかになるまでよく練る。塩、挽きたてのこしょう各1つまみ強で味付けする。油1ℓとヴィネガー大さじ2杯を加えながらソースを立てていく[2]。若どりの玉ねぎ[3]の葉またはシブレット20gをすりつぶしてマヨネーズ大さじ2杯でのばし、目の細かい網で裏漉ししたものを加えて仕上げる。……このソースは、冷製の家禽や肉料理、魚料理、甲殻類いずれにも合う。また、「ディアーブル（悪魔風）[4]」仕立ての肉料理、鶏料理にも用いられる。

訳注
1) タルタルソースについての詳しい解説は97ページを参照。
2) 明記されていないが、マヨネーズやソース・グリビッシュと同様に作業すること。
3) いわゆる「オニオンヌーヴォー」だが、日本でこの名称で流通しているものは黄色系の品種が多いのに対し、フランスでは白系品種（oignon blanc オニョンブロン）が多く、風味が異なる。
4) マスタードとパン粉を使った料理によく使われる名称。カイエンヌは風味を引き締めるためにごく少量使用することが多い。

La cuisson inspirée des légumes « à la grecque »,
La sauce inspirée de la « sauce tartare »

「ア・ラ・グレック」から着想した火入れ、「タルタルソース」から派生したソース

加熱時間を4分の1に短縮した
キレ味鋭いソース

トマトソース
Sauce tomate

　ソースのなかで、リオネルシェフの目にもっとも美しく輝いて見えるのがトマトソースだ。『料理の手引き』を読めば、下ごしらえ、味の足し算、加熱による凝縮と、「ごくシンプルながらフランス料理のエスプリをすべて兼ね備えた完璧なソース」であると実感するという。トマトソースを多用するプロヴァンス地方出身だけに、その思い入れは人一倍強い。

　リオネルシェフがトマトソースに求めるのは、味の鋭さ。加熱中にほかの味を足しながら長時間煮ると、うま味や酸味よりも甘味が際立ち、マイルドに仕上がってしまう。そこで、加熱時間を通常の4分の1に短縮するために、加熱前にあらかじめトマトの水分を抜く。さらに、生ハムに挟んで締め、動物性のうま味をトマトに移し、うま味の相乗効果を狙う。加熱の前に素材の味を凝縮させ、味の足し算も済ませておくわけだ。

　このソースはクリアで非常にデリケートな味わいなので、ほかの食材との相性はシビア。魚に合わせるにも、魚種の選択肢はかなり狭い。淡泊すぎても脂がのりすぎていてもダメで、よい意味で繊維がしっかりし、適度にゼラチン質を含んだ魚が理想的。今回合わせたタチウオ以外では、甘鯛がパーフェクトな組み合わせだ。

（作り方は108ページへ）

トマトは種とゼリー状の果肉を取り、脱水シートで1日かけて水分を抜く。果肉はシノワで漉し、仕上げの濃度調整に使用する。

昆布締めならぬ、トマトの生ハム締め。1日おいて、さらに水分を抜きながら、生ハムのうま味を移す。余計な味をつけず、動物性のうま味だけをソースに加えるのが目的。

原書訳文

（仕上がり5ℓ分）
主素材……トマトピュレ4ℓ、または生のトマト6kg。
ミルポワ……さいの目に切って下茹でしておいた塩漬け豚ばら肉140g、1〜2mm角のさいの目に刻んだにんじん200gと玉ねぎ150g、ローリエの葉1枚、タイム1枝、バター100g。
追加素材……小麦粉150g、白いフォン[1]2ℓ、にんにく2片。
調味料……塩20g、砂糖30g、こしょう1つまみ。
作業手順……厚手の片手鍋に塩漬け豚ばら肉を入れ、バターで軽く色付くまで炒める。ミルポワの野菜を加え、野菜も色よく炒める。小麦粉を振りかける。ブロンド色になるまで炒めてから、トマトピュレまたは潰した生トマトと白いフォン、砕いたにんにく、塩、砂糖、こしょうを加える。火にかけて混ぜながら沸騰させる。鍋に蓋をして弱火のオーブンに入れ1時間半〜2時間加熱する。

目の細かい漉し器または布で漉す。再度、火にかけて数分間沸騰させる。保存用の器に移し、ソースが空気に触れて表面に膜が張らないよう、バターのかけらを載せてやる。

【原注】
トマトピュレを使い、小麦粉は使わず、その他は上記のとおりに作ってもいい。漉し器か布で漉してから、充分な濃度になるまでしっかり煮詰めてやること。

訳注
1）詳しい解説は97ページ。

011 | ESqUISSE *Lionel Beccat*

La sauce dérivée de la《 sauce tomate 》

「トマトソース」を生かす

発酵の力で、凝縮感と
シャープな後味を両立

オマール・ア・ラ・フランセーズ
Homard à la Française

　卵、生クリーム、バターと、動物性脂肪を「トリプルリエゾンした」（リエゾンは結びつきの意味で、リオネルシェフ特有の言い回し。3つを乳化させたという意味合い）オマール・ア・ラ・フランセーズのソースは、「濃厚で最高に重いが、最高においしい。フランス人ならば誰もが愛さずにはいられない古典料理の王様」だとリオネルシェフは熱を込める。

　そんな完成された料理を自分らしいものへ落とし込むとき、テーマとして課したのは、「従来の満足感はきちんと得られた上で、より気品高いこと」だった。

　オマール海老は、ふんわりジューシーなのに、よく焼き付けたときと同じうま味を引き出すこと。ソースにはシャープなキレがありながら、味の凝縮感は保っていること。すべての条件を満たすべく、オマール海老の火入れ法とソースの材料を一から見直した。

　ソースは白ワインとコニャック、フュメ・ド・ポワソンをベースに、サワークリームとみりん粕を溶かし込み、さらに固まり始めの半熟卵黄を乳化させる。発酵による自然な酸味と甘味、うま味をかけ合わせたオリジナルのトリプルリエゾンで、動物性脂肪のおいしさに負けない奥行きあるコクを作り出し、味の凝縮感とすっきりとした後味を両立させている。

（作り方は109ページへ）

オマール海老は、半分に切って昆布締めにし、少量の昆布だしと一緒に真空パックで低温加熱する。水分を抜いてうま味を凝縮し、身を引き締めることで、加熱時間を短縮するのが狙い。

ソースに加えるときの卵黄の状態によって、なめらかでもったりとした理想的なテクスチャーを作り出す。

原書訳文

　オマール海老は筒切り[1]にする。バター50gを熱したソテー鍋にこれを入れ、塩、こしょう、カイエンヌ[2]ごく少量で味付けする。

　身が色付かない程度に表面を焼いたら[3]、白ワイン200mlとグラス1杯弱[4]のコニャックを注ぎ、中くらいの大きさのオマールの場合には、玉ねぎとにんじんを1～2mmくらいの細さのせん切りにしてバターを加えて弱火で蒸し煮したものを大さじ2杯[5]程度加える。粗みじん切りにしたパセリ1つまみと魚のフォン[6]大さじ5～6杯を加える。

　鍋に蓋をして15分間程加熱する。

　平皿またはやや深さのある皿に盛り付ける。煮汁に魚のヴルテ[7]大さじ2杯を加えてとろみを付け、上等なバター100gを入れてソースを仕上げる。ソースはオマールにかけて供する[8]。

訳注
1) 原文 tronçon（トロンソン）。
2) 赤唐辛子の一般名としても使われる。品種についての詳しい解説は97ページを参照。
3) 原文 raidir（レディール）。
4) 原文 un petit verre de（アンプティヴェールド）は、『料理の手引き』において通常、10clすなわち100mlを指す。一般的なコニャック1杯は6～9clすなわち60～90mlであるから、どちらの意味で理解しても差し支えないだろう。
5) 本書における「大さじ1杯」une cuillerée（ユヌキュイユレ）が15mlとはかぎらないことに注意。ニュアンスとしては「大きなスプーンで、場合によっては山盛り1杯」の意である。レードル1杯と読みかえてもいいと考えられるケースも多い。
6) フュメ・ド・ポワソンと同様のもの。魚を素材としたフォンは香りがポイントとなるため、フュメ fumet（香気、良い香りの意）の名称のほうが一般的に使われている。
7) フュメ・ド・ポワソンにルー（澄ましバターで小麦粉を炒めたもので、ソースにとろみを付ける目的で使われる）を溶かし込み、とろみをつけたもの。
8) ソース入れで別添にしない、ということ。

Inspiré de la préparation « à la Française »
「ア・ラ・フランセーズ」の調理法にヒントを得て

仔牛肉の魅力を多角的に
表現する2つのソース

仔牛のブランケット・クラシック&
仔牛の骨付き背肉のココット焼き・ペイザーヌ
Blanquette de veau à l'Ancienne & Côte de veau en Cocotte à la Paysanne

　肉料理のなかでも圧倒的にレシピ数が多い仔牛肉。リオネルシェフによれば、「フランス人は仔牛肉に春の訪れを感じる。お祝いに必ず食べたくなるし、みんなどの調理法で食べるかまで、細かく思いを巡らせる。なかでもソテーとクリーム煮込みは、どちらを選ぶべきか最後までみんなが悩む」ほど、人気の高い料理だ。

　これらを2種のソースで表現し、両方が味わえる欲張りな一皿を考案した。

　主役の仔牛肉は、藁入りの牛乳でマリネしてから蒸し焼きし、繊細でジューシーな肉質に調える。そこに、ひとつめのソースとして、リソレ（肉の表面を焼き固めること）の香ばしさを味わう「シュック」を添える。シュックは『料理の手引き』で紹介される「ペイザーヌ」の材料を8時間かけて煮詰めたものだ。

　もうひとつは「ブランケット」をイメージした泡ソース。煮詰めた仔牛のジュに藁の香りを移した牛乳を注ぎ、発酵バターを溶かし込んである。

　うま味を凝縮した強い味のシュックと、ミルクのやさしい甘味と藁の爽やかな香りの泡ソースは、補完する関係にある。別々に食べると2つの料理のおいしさを楽しめ、一緒に食べると、調和の取れた味が完成する。

（作り方は110ページへ）

仔牛肉、香味野菜、白ワイン、グラス・ド・ヴォーを1時間煮込み、ムーランで漉したらさらに8時間煮込む。ロボクープよりもムーランを使うほうが繊維がほどよく残り、理想の食感になるそうだ。

藁の香りを抽出した牛乳を使用する。泡ソースにすることで、香りが鼻腔に広がりやすくなる。

原書訳文

仔牛の骨付き背肉のココット焼き・ペイザーヌより

　仔牛の骨付き背肉は、バターを熱したココット鍋で、あらかじめ拍子木に切って下茹でしておいた塩漬け豚ばら肉とともにソテーする。その周囲に、バターでいい具合に焼き色を付けた小玉ねぎ4個、1cm四方の薄切りにした[1]じゃがいも100gを入れる。蓋をして弱火で蒸し焼き状にして火を通し、ココット鍋のまま供する。

仔牛のブランケット・クラシックより

　ブランケットには、仔牛のばら肉、肩肉、肩ロースなどの部位を用いる。

　肉を適当な大きさに切り分ける。肉が完全にかぶるくらい、たっぷりの白いフォン[2]を注いで火にかける。ほんの少しだけ塩を加え、こまめに混ぜながら弱火で沸騰させる。浮いてくる泡などは丁寧に取り除くこと[3]。

　にんじん小1本、クローブを刺した玉ねぎ1個、ブーケガルニ（ポワロー、パセリの枝、タイム、ローリエ）を加え、1時間半弱火で煮る。

　白いルー[4]100gと仔牛の煮汁1¾ℓでヴルテを作る。新鮮なマッシュルームの切りくず1つかみを加え、15分程煮ながら、浮いてくる不純物を丁寧に取り除く[5]。

　仔牛肉を取り出して水気をきり、必要ならきれいに形を整えてやる。別の鍋に移し、ブラン[6]で茹でた小玉ねぎ20個とマッシュルーム20個[7]を加える。

　提供直前に、卵黄5個と生クリーム100mℓを加えてとろみを付ける[8]。レモン果汁少々、ナツメグ粉末少々を加え、ソースを仕上げる。ソースを布で漉す。これを鍋に入れた肉と野菜類にかけ、沸騰しない程度に温める。深皿に盛り、パセリのみじん切り少々を振りかける。

訳注
1) 原文 en paysanne（オンペイザーヌ）。田舎風、農民風の意だが、料理においては野菜などの切り方の決まった用語として用いられる。
2) 詳しい解説は97ページを参照。
3) 原文 écumer（エキュメ）。
4) 澄ましバターで小麦粉を炒めたもので、ソースにとろみを付ける目的で使われる。火入れ加減によって、茶色のルー、ブロンド色のルー、白いルーと3種が紹介されている。
5) 原文 dépouiller（デプイエ）。詳しい解説は97ページを参照。
6) 肉や野菜を下茹でする際に、冷水に小麦粉と塩、ヴィネガーを加えて沸かし、クローヴを刺した玉ねぎとブーケガルニを加えたものを使用することがあり、これをブランと呼ぶ（blanc 原義は白）。
7) このマッシュルームは通常、トゥルネと呼ばれるらせん状の模様が入るように皮を剥いたものを用いる。本文上部にあるマッシュルームの切りくずはこの際に出るものを利用している。
8) このときの火加減などの詳しい解説は97ページを参照。

015 | ESqUISSE *Lionel Beccat*

Les sucs dérivés du « veau sauté à la paysanne »,
Une émulsion veau-foin inspirée de la « blanquette de veau »

「仔牛のソテ、ア・ラ・ペイザーヌ」から派生したシュック、
「仔牛のブランケット」から発展させた仔牛と藁のエミュルション

『料理の手引き』の技術を
適材適所で活用し、
リヨン料理に磨きをかける

SALLE À MANGER de Hisashi WAKISAKA
サラマンジェ　ド イザシ ワキサカ

Wakisaka Hisashi
脇坂　尚

　『料理の手引き』との出会いはいまから30年以上前。はじめてシェフを任されたときだった。前任のシェフが急遽店を離れることになり、担ぎ出されたのは、修業をはじめてわずか1年半の新米料理人。オーナーとしては、そのたぐいまれなセンスを見抜いての抜擢だったのだろうが、圧倒的に経験不足だった当時の脇坂シェフにはあまりに荷が重く、どうすればよいものかと途方にくれた。

　そんなとき、手に取ったのが『料理の手引き』だった。当時の給与は10万円、本は2万円だったから決して安くはなかったが、藁をもすがる思いだった。だが、当時手にした日本語訳は難解で理解できない部分も多く、先輩からの助言であわてて原書を買い求め、フランス語の辞書と訳書とを並べ、必死で解読に挑んだ。

　悪戦苦闘しながら少しずつ吸収した知識は、4年半に渡るシェフ生活を支え続けてくれた。技術はもちろん、料理に向き合う姿勢や、料理人としての生き方も教えてくれる、まさに師匠と呼ぶような存在となった。

　その後、さらに力をつけるべく、国内のホテルやフランスのレストランで研鑽を積んだが、経験を重ねれば重ねるほど、『料理の手引き』の偉大さを思い知った。おいしいと思う料理のすべてが、源流を辿れば『料理の手引き』へと行き着いたからだ。

　古典や伝統を、何も変えずにそのまま受け継ぐことをよしとするわけではないが、元を知らなければ進化もない。「エスコフィエの時代は終わった」と高らかに宣言したヌーヴェル・キュイジーヌの旗手たちでさえ、『料理の手引き』を隅々まで読み込み、そこに独自の視点を加えることで、新しい時代を築いていったのだから。

　いま、脇坂シェフは、修業時代にもっとも影響を受けたリヨンの伝統料理を「フランス料理のおいしさに忠実に」再現している。決して目新しさを狙う料理ではないが、『料理の手引き』で養った技術を応用し、伝統料理が持つ魅力をひたすらに深く掘り下げる試みだ。

　たとえば、22ページで紹介する「鶏レバーのケーキ」は、リヨンのビストロに行けばどこでも食べられる代表的な郷土料理だが、脇坂シェフは『料理の手引き』に掲載された別のレシピの手法を応用し、食感と風味を大きく改変する。

　古典に精通するシェフならではの切り口で洗練させた料理には、日本人はもとより、評判を聞きつけ、はるばる訪ねてきたリヨンの人々からも「この郷土料理がこんなにおいしいとは知らなかった！」と驚きをもって歓迎されている。

　『料理の手引き』と徹底的に向き合う姿勢に、フランス人も本場以上に「本物」の香りを感じ取っているに違いない。

忘れ去られた食材の再発見

雄鶏のロニョン・ファルシ[1]
Rognons de coq farcis pour Entrée froides, Garniture, etc.*

「ロニョン」は一般的には腎臓のことだが、鶏の場合は白子（精巣）を指す。『料理の手引き』をはじめ、古典書にはたびたび登場するが、最近ではレストランで見かけることはほとんどない。そんな忘れ去られた食材の魅力を、クリーミーで濃厚なおいしさを全面に生かしたアミューズで紹介してくれた。

軽くゆでたロニョンにムスリーヌを絞り、コンソメジュレでつややかにコーティングする。ロニョンは縦に切り込みを入れて軽くゆでると、くるりと裏返る。その個性的な形を生かした仕立てだ。

脇坂シェフは、ここに揚げたクルトンをプラス。クルトンの歯切れよさがアクセントとなり、ロニョンのなめらかな舌触りをいっそう引き立てる。

ソースは、ムスリーヌの味に合わせて3種。トリュフ入り鶏のムスリーヌには、生クリーム入りのマヨネーズ。ハム入り鶏のムスリーヌには、マヨネーズで伸ばしたエスカルゴバター。エクルヴィスのムスリーヌには、エクルヴィスバター入りのマヨネーズを合わせた。

エクルヴィスバターは、バターが酸化すると味が一気に劣化することもあり、鶏のロニョンと同じく、いまはほとんど見かけない。しかし、作り立てで新鮮なものなら驚くほど風味豊かでおいしいので、一度は試してみてほしい。

（作り方は112ページへ）

希少価値の高い鶏のロニョン。生の状態では皮が薄く、非常に柔らかい。

ムスリーヌを絞ってからさらに火入れするので、ゆでるときは、霜降り程度にとどめておく。

エクルヴィスバターを作るさいは、エクルヴィスの殻を豪快につぶしながら香味野菜と炒め、バターで30分ほど煮て風味を移す。

ロニョン・ド・コックのファルシ

 原書訳文

大きめのいい雄鶏のロニョン[2]を選び、やや低めの温度で茹でる。縦二つにカットして、底面になる部分が安定するように少し切り落とす。

これに、フォワグラまたはハム、鶏胸肉あるいはトリュフのピュレを円錐状に盛り上げるように塗る。ピュレには同量のバターを混ぜ込んでおく。また、高く盛り上げるようにすること。

こうして用意したロニョンに白いソース・ショフロワまたはローズ色のソース・ショフロワ[3]を塗る。どんなソースを使うかは合わせる料理や献立などの状況によって決めること。これをあまり高さのない深皿に並べ、溶かしてやや固まり始めた状態のジュレを覆いかける。

この料理は、ひとつひとつを小菓子用の型に入れてジュレで完全に覆い固め、冷製鶏料理の周囲に添えてもいい。

訳注
1) farci（ファルスィ）、farcir（ファルスィール）は一般的には「詰め物をする」「詰め物をした」の意で用いられるが、平面上にファルスとなるアパレイユをこんもりと盛るように塗る仕立てのことも意味する。
2) 原文 rognon（ロニョン）は牛、仔牛などの場合は腎臓を意味するが、鶏の場合は精巣のこと。
3) ソース・ショフロワ・オーロールのこと。標準的な白いソース・ショフロワにトマトピュレとコンソメで煮出したパプリカ粉末を加えて色付けてある。

＊原文では、「冷製料理として、またはガルニチュール等にする雄鶏のロニョン・ファルシ」とレシピ名が出ている。

フォワグラ脂の有効活用で味の洗練を図る

ファルス・グラタンC[1]
Frace Gratin C

ファルス・グラタンCは、おもにクルトンやカナッペに塗る用途で紹介されている鶏レバーのパテのこと。脇坂シェフは、フォワグラのテリーヌを作るときのように、レバーをポルト酒とコニャックで風味づけ、背脂のかわりにフォワグラ脂でつないでいる。

「貧乏人のフォワグラ」とのユニークなネーミングどおり、なめらかな口溶けと鼻に抜ける濃厚な香りは、まさにフォワグラそのもの。『料理の手引き』で示されるように、レバーはレアな焼き加減にとどめておくことで、美しい色合いと口当たりがフォワグラにより近づく。ちなみに、脂をバターに変えると味わいが軽やかになるそうだ。

裏漉してよく練り、刻んだトリュフをまぶせば、インパクト充分な巨大なトリュフが完成。中にはプラムの赤ワイン煮を射込み、フォワグラのテリーヌの贅沢な味わいを完全に再現した。　　　　　　　　　（作り方は114ページへ）

原書とは異なり、裏漉したあとはテリーヌ型に流してオーブンで湯煎焼きする。食中毒予防のための工程だが、脂とベースでつないでから火入れすれば、なめらかさは維持できる。

レバーにポルト酒とコニャックをふりかけ、にんにくとエシャロットと一緒に漬け込む。

レバーを炒めた鍋に、鶏のフォン、香味野菜、タイム、ローリエ、生クリームを入れて軽く煮詰め、ベースを作る。

レバーとベースの液体をミキサーで混ぜ合わせながら、フォワグラ脂を加えてつないでいく。レバー200gに対し、約700mlと大量だ。

原書訳文

（クルトンに塗ったり、カナペ、小型ジビエ、仔鳩料理に用いる）

ファルス1kg分の材料……生のフレッシュな豚背脂を器具を用いておろしたもの300g、鶏レバー600g、エシャロット4〜5個の薄切り、マッシュルームの切りくず[2] 25g、ローリエの葉½枚、タイム1枝、塩18g、こしょう3g、ミックススパイス3g。

作業手順……ソテー鍋に豚背脂を熱して溶かす。レバーと香辛料、調味料を加え、強火で色付かないように炒める。

いま、色付かないように[3]、と書いたように、焼き色を付けないようにすることがポイント。レバーはレアな焼き加減で血が滴るくらいにすると、バラ色のきれいなファルスに仕上がる[4]。

材料がだいたい冷めたら鉢に入れてすりつぶす。裏漉しして、陶製の容器に移してヘラで練って滑らかにする。バターを塗った紙で蓋をして冷蔵する。

訳注
1)『料理の手引き』には、A、B、Cと3種のファルス・グラタンが掲載してあり、それぞれ用途が異なる。
2) トゥルネ（らせん状の切れ込みを入れた装飾）にしたときに出る切りくずを指す。ファルス・グラタンにおいては、口あたりを損ねる可能性があるので軸、石突きは使わないと考えるべき。
3) 原文 raidir ou saisir（レディール ウ セジール）。レディールは油脂を熱したフライパン等で、材料が色付かないように表面を焼き固めること。後者「セジール」は焼く、炒める、茹でるなど方法は問わないが、熱によって表面だけを固める（タンパク質の熱変性）ことを指し、焼き色を付けない場合に用いられる用語。
4) 現代の衛生学的知見からすると、充分に加熱調理していないレバーは食中毒や肝炎などのリスクがあるので注意。

貧乏人のフォワグラのトリュフ

理想の味への鍵だった
エスコフィエのレシピ

仔牛レバーのパン[1]
Pain de Foie de veau

脇坂シェフがオープン以来作り続けている「鶏レバーのケーキ」は、挽いたレバーと卵をベースに焼き上げるリヨンの名物料理だ。ブション（リヨンにおけるビストロのこと）では必ずメニューに並び、味も形も店によって千差万別。現地でさんざん食べ歩き、レシピも幾度となく試行錯誤を繰り返したが、日本人好みの食感やマイルドな味わいにはなかなか辿り着かなかった。

そこでひも解いたのが『料理の手引き』だった。仔牛レバーのパンのレシピを鶏レバーに応用し、パナードを加えてみたところ、脇坂シェフが目指す、軽い食感が実現したのである。

さらに、味をよりやさしくするため、レバーの量を減らし、メレンゲを追加。ふんわりと柔らかなレバーケーキが完成した。　　　　　　　　　　　（作り方は115ページへ）

パナード入りのアパレイユに仕上げにメレンゲを加える。菓子作りと同様、気泡をつぶさないようにさっくり合わせるのがポイント。

バターと強力粉を塗ったマンケ型に6分目まで流す。

170℃のオーブンで15分。中までふんわり柔らかな食感に焼き上がる。

🪶 原書訳文

仔牛のレバー1kgはさいの目に切り、生[2]の豚背脂400g、食パンの白身300gを生クリームに浸して余分な水分を絞ってから加えてよくすりつぶす。玉ねぎ1個はみじん切りにしてバターで炒め、全卵4個、塩25g、こしょう1つまみ、ナツメグ少々を加える。

裏漉ししてソテー鍋に入れ、鍋を氷の上に置き、卵白3個分、生クリーム300mlを加えながらよく練る。これをシャルロット型[3]に流し込む。これを湯煎にかけて火を通す[4]。提供直前に型から出す。

別添で、何らかのブラウン系のソースを添える。

訳注
1) この場合の pain（パン）とは「パンのような塊、固体」の意であり、さまざまな料理や製菓において用いられる語。
2) 原文 frais（フレ）は新鮮な、冷たい、などの意もあるが、ここでは塩蔵や燻製などに加工していない文字通りの「生」という意味。
3) 開口部がやや広くなっている円筒形で高さのあまりない型。周囲に波状の模様の付いたものや、中央に開口部となる筒の付いたものなど、いろいろなタイプがある。
4) 具体的に指示されていないが、湯をはった天板に型をのせて、低めのオーブンで湯煎焼きするのが現実的だろう。

鶏レバーのケーキ
リ・ド・ヴォーのフリカッセ添え

フォワグラと重ねて上品なテリーヌに

アシ・パルマンティエ
Hachis Parmentier

　ビストロメニューとしてすっかり定着しているアシ・パルマンティエだが、『料理の手引き』では、私たちがよく知るミートソースとマッシュポテトを重ねた素朴なグラタン風とは趣きが異なり、肉とじゃがいもを混ぜ合わせ、そのファルスをくり抜いたじゃがいもに詰めて焼き上げる。仕立てにも工夫が凝らされた上品な料理だったのである。

　脇坂シェフは、このファルスをフォワグラと重ね、冷製のテリーヌに仕上げた。

　じゃがいもはフォワグラの脂でソテーし、牛肉のかわりに茶色いフォンで煮込んだ牛テールを混ぜ込む。ソースは加えず、牛テールの煮汁を染み込ませ、キャトルエピスとパセリで香りづけて、上品でコクのあるファルスを完成させている。

（作り方は116ページへ）

固めにゆでたじゃがいもをフォワグラの脂でソテーすることで、重ねたフォワグラとの一体感も高まる。

テリーヌ型に詰めたら湯煎で30分焼き、しっかり結着させ、重しをして一晩寝かせてなじませる。

🪶 原書訳文

アシ

　料理において「アシ」を字句どおりに、つまり「ミンチ状に細かく刻んだ肉」という意味で理解してはいけない。「アシ」とはサルピコンの一種だ。

　アシはエマンセ[1]の扱いに準じる。その理由もエマンセと同じである。アシに用いる肉がローストしたものであるときは、決してソースの中で煮立てないこと。

　アシは通常、熱いソース・ドゥミグラスであえる。その割合は、アシにした肉1kgに対して250mlとすること。

アシ・パルマンティエ[2]

　大ぶりのじゃがいも（オランド種[3]）はオーブンで火を通す。上部を切りとって別に取り置く。中身をくり抜く。くり抜いたじゃがいもの中身をフォークでつぶし、これを、じゃがいものマケール[4]と同様に、バターでソテーする。

　ソテーしたじゃがいもを以下と混ぜ合わせる……じゃがいもと同量の、細かいさいの目に切った牛肉。バターで炒めた玉ねぎのみじん切り大さじ3杯。パセリのみじん切り1つまみ。ヴィネガー少々。

　くり抜いたじゃがいもの外側を器にして、上で混ぜたものを詰める。布で濾したリヨン風ソース[5]を何度も上からかけてやり、詰め物にたっぷり浸み込ませる。取り置いてあったじゃがいもの上部で蓋をする。天板に並べ、オーブンで10分焼く。オーブンから取り出したらすぐに、じゃがいもをナフキンの上に盛って供する。

訳注

1) 牛のアロワイヨー（腰肉の塊）、サーロイン、フィレなどのローストあるいはブレゼで供した残りを薄くスライスして、別途、料理として仕立て直すもの。

2) 名前の由来については97ページを参照。

3) オランド種は、メークインに非常に近い品種。詳しくは97ページを参照。

4) 『料理の手引き』では、「オランド種のじゃがいもはオーブンで火を通す。火が通ったらすぐに中身をくり抜いて平鍋に入れる。塩、こしょうで調味し、フォークでつぶす。じゃがいもの中身1kgあたりバター200gを加えてしっかり混ぜる。これをガレットのように平たい円形に伸ばして、澄ましバターを熱したフライパンで、両面をこんがり焼く」と記述がある。

5) 『料理の手引き』では、「中くらいの大きさの玉ねぎ3個をみじん切りにし、バターでじっくり、ごく弱火でブロンド色になるまで炒める。白ワイン200mlとヴィネガー200mlを注ぐ。1/3量まで煮詰め、ソース・ドゥミグラス3/4ℓを加える。5〜6分かけて表面に浮いてくる不純物を丁寧に取り除き、布で濾す」と記述がある。

アシ・パルマンティエとフォワグラのプレセ

コンフィで繊細な火入れを施す

バロティーヌとジャンボノー
Ballottines et Jambonneaux

家禽のもも肉に詰め物をし、骨つきハムの形に整えた料理。エスコフィエ時代のレストランでは、1羽丸ごとの家禽を使うときでも、もも肉は提供せずにはずしてしまったから、残り物をいかに豪華で美しく見せるかに創意工夫を凝らした料理といえる。

ファルスについては特に規定のレシピはない。脇坂シェフの場合は、整形時に切り落としたもも肉と豚肉に、フォワグラとトリュフを加えてリッチな風味にしてある。そのファルスを包んだら、グレスドワ（鵞鳥の脂）でコンフィにすれば、柔らかでジューシーに火が入れられる。

コンフィの油脂分を感じさせず、さっぱりとした後味になるよう、ビーツ風味のコンソメをまわりに注いだ。コンフィ時に出るジュにはうま味が詰まっているので、コンソメに加えてそのおいしさを余さず取り込む。

（作り方は117ページへ）

ホロホロ鳥のもも肉を均一な厚みになるよう整形し、ファルスを詰める。

形が崩れないようアルミホイルで包み、コンフィで水分流出を防ぎながらじっくり火を通す。

原書訳文

この種の調理には、胸肉を何か別の料理に用いた鶏などの家禽の腿肉が用いられる。

腿は骨を取り除き[1]、バロティーヌ[2]あるいはジャンボノー[3]の形になるように詰め物をする。腿の皮はあらかじめこの用途に用いることを見越して長くとっておき、バロティーヌの形かジャンボノーの形になるように縫って閉じる。

バロティーヌもジャンボノー[3]も成形した後にブレゼする。家禽に合うガルニチュールを適宜添えるとよい。

【原注】
冷製として仕立てる場合には、表面にジュレを塗るか、ホワイト系かブラウン系のソース・ショフロワを覆いかけてやり、ガルニチュールを適宜添えること。

訳注
1）原文 désosser（デゾセ）。
2）円筒形の包み、の意。つまり形状を意味した名称の仕立て。しばしばガランティーヌと混同されるが、ガランティーヌは形状について特に定義がなく、ゼラチン質で固めたもの、が原義。
3）jambon（ジョンボン）に縮小辞 eau が付いたもの。つまり小さいハム、の意。本来ハムとは骨付きあるいは骨を取り除いた豚腿肉で作られるが、ここでイメージされているジャンボノーの形とは、骨付きハムのそれ。

フォワグラとトリュフがたっぷり入っている。いったん骨をはずしてから整形しているので、フォークで切り分けやすい。

生地の選択で温冷どちらにも応用可能

カルボナードのパテ

カルボナード[1]・フランドル風
Carbonade à la flamande

フランドル地方を代表する郷土料理。薄切りの牛肉と玉ねぎをビールとフォン・ド・ヴォーでじっくりと煮込んだ素朴な味わいを、脇坂シェフはパテにして洗練させた。

カルボナードはうま味が強く、柔らかなサガリ肉を使い、表面に焼き色をつけてから、かたまりのまま煮込んで、肉にもほどよくうま味を残しておく。煮汁はペースト状になるまでしっかり煮詰め、薄切りにした肉と交互に重ねる。中央には厚切りのフォワグラのテリーヌを入れ、レストランらしい贅沢な味わいに仕上げた。

温製はもちろん、冷製にしても甘味とうま味が引き立ち、また違ったおいしさが味わえる。温製は軽い食感に仕上げるため、フィユタージュを使用するが、冷製の場合は、冷めても食感が変わりづらいパート・ブリゼを使用し、焼き上がったらコンソメ・ジュレを中に流し込んで固めている。

（作り方は118ページへ）

冷製は20cm長さの迫力あるパテに。中央には蒸気を抜くための穴を開けて焼き上げ、完全に冷めたらコンソメジュレを流して冷やし固める。

交互に重ねた牛肉と煮汁のペーストの上にフォワグラをのせ、さらに牛肉とペーストを上からかぶせる。写真は温製バージョン。

直径10cmの1人用のポーションに。網脂で全体を覆ったのち、2枚のフィユタージュで包む。

温製はフィユタージュのサクサク感が身上。カルボナードの煮汁を少し取り置き、生クリームを加えてソースとして添える。

原書訳文

　牛赤身肉（ランプや肩肉）1.2kgを短かめの薄切りにする。塩こしょうしてから、澄ませたグレスドマルミット[2]を熱して強火で色付くまで炒める。

　同時に、大きな玉ねぎ5個のスライスもバターで色よく炒めておく。

　片手鍋に、肉の薄切りと玉ねぎを交互の層になるよう重ねていく。ブーケガルニを中央に配すること。

　薄切り肉を炒めた鍋にビール1瓶（出来たらランビック[3]の古酒がいい）を注いで鍋底に付着した肉汁を溶かしだし[4]、同量の茶色いフォン[5]を加える。茶色いルー[6]100gを加えてとろみを付ける。最後にカソナードまたは粉糖50gを加えて溶かし、肉と玉ねぎの入った鍋に注ぎ入れる。

　蓋をして弱火のオーブンに入れ、2時間半から3時間煮込む。

【原注】
カルボナードは通常「そのまま」つまり玉ねぎも入った状態で供されるが、お客様の好みによっては、煮汁を布で漉して玉ねぎを取り除いてからご提供してもいいだろう。

訳注
1) こんにちでは、このフランドル風のカルボナードが圧倒的に有名だが、もとは「炭火焼き」の意味だった。
2) 白いコンソメ・サンプル（牛の骨付きすね肉と赤身肉、香味野菜で取るコンソメ）を作る際に取り除いた浮き脂を漉して静置し、不純物を取り除いて澄ませたもの。基本的に獣脂からなり、初版〜第三版までは、ルーなどにも使う指示がなされていた。獣脂のため、19世紀までは、四旬節などの「肉断ち」の料理に用いるべきではないとされていた。
3) ベルギービールの一種で、醸造用に培養した酵母は用いずに自然発酵させて作られる。醸造所に棲みついている多様な酵母により、ドライでわずかに酸味のある独特のフレーバーが実現されているという。
4) 原文 déglacer（デグラセ）。鍋の「焦げ」をこそぎ取ることではなく、鍋に粘り付いた肉汁を溶かし出すのが目的なので注意。
5) 詳しい訳文は97ページを参照。
6) 澄ましバターで小麦粉を炒めたもので、ソースにとろみを付ける目的で使われる。火入れ加減によって、茶色のルー、ブロンド色のルー、白いルーと3種が紹介されている。

カルボナードのパテ

見逃されてきた技術の、真の価値を
すくい上げる

Un de ces jours
アンドセジュール

Kawai Kenji
河井健司

　『料理の手引き』をはじめ、『ル・レペルトワル』『ラルース ガストロノミック』など、代表的なフランス料理書を原書で読み込み、比較・分析しながら古典料理への造詣を深めてきた河井シェフ。『料理の手引き』の新訳と注解のプロジェクトを主導する翻訳家の五島学さんとも積極的に意見を交わし、料理人の立場から、現場に則した注釈の充実を図っている。

　そんな河井さんに、『料理の手引き』で注目すべき点を尋ねると、「誰もがよく知る定番料理のレシピよりも、むしろエスコフィエが書き添えた『ちょっとした注意書き』にこそ、きらめく言葉が隠れている」との答えが返ってきた。

「エスコフィエというと、古典の勉強にはなっても、技術自体は現代の調理場では通用しないと思っている方が多いようです。ですが、エスコフィエは、火入れ方法や油脂の使い方、材料を合わせるときの温度など、気をつけるべき細かなポイントを、注意深く、ていねいに書き記しています。

　それらは、一見するとわざわざ伝え教えるほどでもないような些細なことなので、調理場では伝えられず、見落とされてきたのでしょう。私も、修業時代には見たことも聞いたこともない技術がたくさん載っていることに驚きましたし、そもそも読み始めたころは、そんな細かいことは見逃していました。でも実際にやってみると、そのほんの小さな工夫が、料理の仕上がりを大きく左右していたことに気がついたのです。

　調理機器がどんなに進化しても、これらの技術は変わらず有効な手段であり続けるでしょうし、知っていれば最新の調理機器の使い道もぐんと広がるはずです。100年以上前に書かれているのに、斬新だと感じるすぐれた技術や料理が、『料理の手引き』にはまだまだ眠っているんです」

　今回、河井シェフには、現代には受け継がれてこなかった料理や技術を中心に紹介してもらった。その中には、塩1gまで原書に忠実に作ったレシピもある。

　とりまく環境が変化し、当時といまとでは味覚も変化してきたことだろう。だからといって、『料理の手引き』の技術と味が古いと思い込むのは早まった判断だ。以前はつなぎ程度にしか使われていなかったパーツが、味覚の変化に伴って、むしろ現代人の嗜好にマッチし、料理の主役へと躍り出ることもある。河井シェフは、そんな埋もれたお宝をすくい上げ、古典料理に新たな光を当てようとしている。

いまこそ取り入れたい、極上の口溶けファルス

ゴディヴォ、仔牛肉とケンネ脂のファルス
Farce de Veau à la Graisse de bœuf, ou Godiveau

　ゴディヴォとは、仔牛肉のミンチとケンネ脂（腎臓のまわりを覆う脂）を練り合わせたファルスの一種。河井さんが修業時代に働いていたホテルでは、パテアンクルート用にほぼ毎日仕込んでいたというが、ケンネ脂の流通が減り、現在はすっかりすたれてしまった。

　だが、アバらしい香りをほどよく含み、一般的なクネルやムースとは一線を画すやさしい口溶けは、現代人の志向にマッチしているはずだ。

　フィナンシエールなどに必要な小さめのクネルに成形して加熱するのが『料理の手引き』における主な用途だが、ゴディヴォのおいしさを知ってもらうべく、仔牛フィレ肉を包んで、堂々たる主役に仕立て、とさかをのせたプティ・ヴォロヴァンを添えた。

　ケンネ脂は融解温度が低いため、口溶けが非常によいのがゴディヴォの特徴で、食感でもジューシーなフィレ肉とは一体感を持たせやすい。『料理の手引き』では3通りのレシピが紹介されており、氷を入れて冷やしながらつなぐバージョンが、素材の風味がよく生き、もっともすばらしい口溶けに仕上がるそうだ。

　また、仔牛肉のまわりを覆うゴディヴォが緩衝剤の役割を果たし、繊細な仔牛肉を蒸し焼き状態にできる。うま味と水分の流出を最低限にとどめた理想的な火入れができるのも魅力である。

（作り方は119ページへ）

寝かせた生地に、氷をミキサーのフックで混ぜ込む。炒め煮した玉ねぎを加えた以外は、塩のg数にいたるまで原書に忠実なレシピで作ってある。

 原書訳文

A.氷を入れて作るゴディヴォ[1]

材料……筋をきれいに取り除いた仔牛腿肉1kg、水気を含んでいない牛ケンネ脂1.5kg、全卵8個、塩25g、白しょう5g、ナツメグ1g、透明な氷700～800gまたは氷水700～800mℓ。

作業手順……はじめに、仔牛肉とケンネ脂を別々に細かく刻む。仔牛肉はさいの目に切り、調味料と合わせておく。牛脂は細かくして、薄皮と筋はきれいに取り除いておく。

　仔牛肉と牛脂を別々の鉢に入れて、それぞれすり潰す。次にこれらを合わせてから、完全に混ざり合って一体化するまでよくすり潰し、卵を1個ずつ、すり潰す作業を止めずに加えていく。

　裏漉しして、平皿に[2]広げ、氷の上に置いて翌日まで休ませる。

　翌日になったら、再度ファルスをすり潰す。この時、小さく割った氷を少しずつ加えていき、よく混ぜ合わせる。

　ゴディヴォに氷を加え終わったら、必ずテスト[3]を行ない、必要に応じて修正する。固すぎるようなら水を少々加え、柔らかすぎるようなら卵白を少し加えること。

【原注】
　ゴディヴォで作ったクネルはもっぱら、ヴォロヴァンの詰め物にしたり、牛、羊の塊肉の料理に添えるガルニチュール・フィナンシエール[4]に用いられる。

　他のクネルがどれもそうであるように、沸騰しない程度の温度で茹でて火を通せばいいが、一般的には手で整形して塩を加えた沸騰しない程度の温度の湯で茹でる。

　だが、「ポシャジャセック[5]」と呼ばれる技法、すなわち弱火のオーブンで焼くのがいちばんいい。

　以下に示す方法はとても短時間で出来るので特にお勧めだ。

　ゴディヴォは充分に氷を加えて水気を含んだ状態にしておく。オーブンの天板に敷いたバターを塗った紙の上に、丸口金を付けた絞り袋から絞り出す。オーブンの天板にもバターを塗っておくこと。絞り出したクネルは触れ合うようにしていい。

　これを低温のオーブンに入れて加熱する。

　7～8分すると、クネルの表面に脂が水滴状に浸み出してくる。これが、ちょうどいい具合に火が通った合図だ。オーブンから出して、クネルを別の銀製の盆か大理石の板の上に裏返しに広げる。クネルがぬるくなるまで冷めたら、敷いてあった紙を端のほうから引きはがして取り除く。

　クネルは完全に冷めるまで放置し、その後に皿に移すか、可能なら柳編みのすのこに載せてやるのがいい。

訳注
1）詳しい解説は98ページを参照。
2）大きなバット。
3）少量を、沸騰しない程度の温度で火を通し（ポシェ）て様子を見ること。
4）ガルニチュール・フィナンシエールについては98ページを参照。
5）原文 pochage à sec は、直訳すると「乾燥した状態でポシェすること」。つまり水（湯）を用いずに、pocher と同様に低めの温度で加熱することを指している。

035 | Un de ces jours *Kawai Kenji*

コンソメを超えるリッチなコクとうま味

牛テールの澄んだポタージュ・フランス風
Potage Queue de bœuf à la française

「フランス料理の真髄」といわれ、絶対的な地位を保持するコンソメ。料理人たちは完成度をさらに高めるべく、今日まで試行錯誤を繰り返してきた。

その陰に隠れて、すっかり存在を忘れ去られてしまったのが、牛テールのポタージュである。

現代の私たちがイメージするコンソメとの一番の違いは、仕上げにデンプンでとろみをつける点。コンソメがキレを重視したスープだとしたら、こちらは舌にねっとりとまとわりつき、ふくよかでリッチな風味を感じさせてくれる。レストランで見かけることはほとんどないが、うま味がズドンと脳を直撃するような濃厚さは、現代人にも受けるはずだ。

このレシピでは、クラリフィエは単に澄ませる目的ではなく、味と香りを強めるのが目的。卵白を使わないので、特有の味や香りがつかず、純粋に牛の風味だけを引き出せる。すね肉とクラリフェ用には必ず仔牛肉を使う。卵白を加えないぶん、成牛だと雑味が出て、スープが濁ってしまうからだ。

付け合わせにシリアルパンの上に牛テールのリエットをのせ、吸い口としてバラを添えた。華やかな香りが鼻をくすぐる一皿である。

（作り方は120ページへ）

原書ではクラリフィエ時にデンプンを加えるが、河井シェフの場合は、クラリフェ後にコーンスターチを加えて濃度をつける。クラリフェ時に味の微調整をしやすくするのが目的だ。

テールとすね肉に含まれるゼラチン質と仕上げのデンプンで、充分にとろみがつく。

原書訳文

（大鍋[1]で作る）

関節のところでぶつ切りにした牛テール1kg、仔牛のすね肉500g、白いコンソメ[2]2.5ℓ。これらを火にかけてアクを取り[3]、標準的な香味野菜[4]を加える。弱火で5時間煮込む。

脂身を含まない牛肉、仔牛肉をミンチにしてバターで炒め、アロールート[5]大さじ1½杯をふりかけたものをコンソメに加えてクラリフィエする[6]。

ガルニチュール……ぶつ切りにして掃除した牛の尾、にんにくの形状に成形し、コンソメで煮たにんじんと蕪。

【原注】
このポタージュは古典料理では「グランオシュポ[7]」すなわち牛テールをコンソメで煮たポタージュと呼ばれ、ガルニチュールにはコンソメに用いたにんじんと蕪を薄切りにして肉のブイヨンで煮たものが添えられた。

訳注
1) 原文 marmite（マルミット）。大きな寸胴鍋。
2) 牛の骨付きすね肉と赤身肉、香味野菜で取るコンソメ。
3) 原文 écumer（エキュメ）。本来は浮いてくる細かい泡を取り除く、の意。
4) にんじん、蕪、玉ねぎ、セロリ、サヴォイキャベツなど。
5) 原文 allow-root。南米産のクズウコンを原料とした良質のでんぷん。日本では入手が難しいこともあり、コーンスターチが用いられることがほとんど。
6) 原文ではクラリフィエに卵白の使用が言及されていないので、このレシピのまま作るのであれば、このクラリフィエは「澄ませる」というよりは、風味と色合いを強化させるのが主目的と考えられよう。
7) 原文 Grand Hochepot（グランオシュポ）。hochepot は有音のhで始まるのでリエゾンしない。

037 | Un de ces jours *Kawai Kenji*

焼き縮みを防ぐ「プレ・キュイール」の力

フォワグラのブリオシュ包み（ストラスブール風）
Foie gras cuit dans une brioche

　かのフェルナン・ポワンのスペシャリテであり、誰もが知る定番料理なので、目新しくは感じないかもしれない。ところが細部をよく読んでみると、エスコフィエが慎重に言及していながら、現代の調理場では見落とされている調理工程がある。それがトリュフとフォワグラの「プレ・キュイール」だ。

　トリュフは火入れすると縮みやすく、フォワグラも生の状態から直接オーブンで火入れすると、大量の脂が溶け出し、ブリオシュとの間に大きく隙間が空いてしまう。フォワグラのなめらかさを維持しながらブリオシュを焼き上げるのは難しく、包まずに別添えにする場合も多い。

　だがエスコフィエの方法にならい、プレ・キュイールであらかじめフォワグラの余分な脂を取り除いておけば、焼き縮みを最小限にとどめられる。包んで焼くので、フォワグラから出る脂をブリオシュがほどよく吸い、別添えでは得られない一体感も味わえる。

　河井シェフの場合は、トリュフとフォワグラをそれぞれ別にプレ・キュイールする。フォワグラは50度のグレスドワ（鵞鳥の脂）で芯温35度までコンフィのように火入れし、トリュフを射込んでしっかりとプレス。一晩休ませてよく冷やしておくことで、ブリオシュの焼成時にフォワグラに火が入りすぎず、なめらかさを維持できる。

　ブリオシュ生地も、焼く前に1日冷蔵庫で寝かせて発酵具合をコントロールし、トリュフ、フォワグラ、ブリオシュのすべてがちょうどよく焼成できるように計算している。

　この方法ならエスコフィエが記したように冷製でなくても、フォワグラのなめらかな舌触りが楽しめるので、ブリオシュのバターとトリュフの豊かな香りが引き立つ温製料理に仕上げた。

（作り方は121ページへ）

原書訳文

　フォワグラに拍子木に切ったトリュフを刺す[1]。「フォワグラの温製料理」[2]で述べたようにして、陶製の器に入れて蓋をして1時間程置いておく。次に、フォワグラを豚背脂のシートで包む[3]。これを中温のオーブンに入れて20分間、完全に火が通らない程度に加熱する。そのまま冷ましておく。

　フォワグラの大きさに合ったタンバル型[4]にバターを塗り、砂糖を加えずに作った標準的なブリオシュ生地をかなり厚く伸して敷き詰める。

　フォワグラを型に縦にして詰める。きっちり隙間がないか、ほとんどないくらいにすること。同じブリオシュ生地で蓋をし、中央に蒸気を抜くための穴を空ける。丈夫な紙を型の円周の長さの長方形に切ってにバターを塗り、型の上の方に貼り付ける。これはブリオシュ生地が溢れ出てしまわないようにするため。そのまま充分に暖かい場所に置いて生地を醗酵させる。中温のオーブンに入れて焼く。大きな針[5]を中心まで刺して、きれいに何も付かずに抜けるようになったら焼成を終了する。

　フォワグラの料理で一般的なガルニチュールを添えてそのまま供する。が、このように調理した場合は冷ましてから提供するのがほとんど。

　バリエーション……上記のように下ごしらえしたフォワグラをボール形に成形して、それを砂糖抜きのブリオシュ生地で包み、フォワグラを成形した際の切り落としを周囲に配する。この生地を財布[6]のような形にして閉じ、これを周囲に波模様の付いたブリオシュ型に入れる。上部に、真ん丸にしたブリオシュ生地をしっかり埋め込む。いわゆる「こぶのあるブリオシュ」の形にするわけだ。15分間醗酵させたら、溶き卵など[7]を塗って高温のオーブンで焼く。

訳注
1) 原文 clouter（クルテ）は楔状のものを刺す、が原義だが、フォワグラにトリュフを丸ごとあるいは櫛切りなどの形状にして射込むという方法もあるだろう。
2)「フォワグラの温製料理」については98ページを参照。
3)『ラルース・ガストロノミック』初版では「豚背脂の薄いシートか網脂」と記載がある。
4) 円筒形で比較的高さの低い型。
5) 金串や、鶏を成形する際に用いるブリデ針を使う。
6) 札入れや小銭入れではなく、金貨などを入れる巾着袋のような形の大きな財布のイメージ。
7) 原文 dorer（ドレ）。dorure（ドリュール）を塗ること。溶き卵のみの場合もあれば、水や牛乳などを加える場合もある。

プレ・キュイールせずに焼く（写真左）とフォワグラとトリュフが大きく縮み、見た目だけでなく食感も損なわれる。

039 | **Un de ces jours** *K*awai Kenji

保形性と効率性を高めたスフレ

とうもろこしのスフレ・パプリカ風味
Soufflé de maïs au paprika

　鶏料理の付け合わせとして紹介されているとうもろこしのスフレを、主従関係をひっくり返し、主役としてスポットを当ててみた。

　まずはそのまま食べ、口の中でふっと消えるスフレならではの食感とやさしい風味を存分に楽しみ、スフレのボリュームが落ちてきたら、鶏胸肉とフォワグラのテリーヌを投入する。とうもろこしは鴨を肥育するときの餌なので、フォワグラとの相性はとてもいい。さらにスフレとテリーヌに加えたパプリカパウダーが、ほどよい刺激と香りを放ち、複合的なおいしさが完成する。

　原書のレシピは焼き上げたら一瞬でしぼんでしまうのが難点。河井シェフは、グジェールの生地を応用して中力粉をごく少量加え、保ちをよくする。さらに、生地を型に流したら、冷凍し、凍ったままオーブンで焼く。これなら外と中で火の入り具合が変わり、外側の1ミリはカリッと、内側はふんわり仕上がる。食感に変化がつくうえに、外側が焼き固められるぶん、保形性も高まる。

　「ア・ラ・ミニッツ」の代表であるスフレは、オーダーが入ってから作り始めなければならず、従業員が少ないレストランで提供するのは難しい。だが、「ふんわり軽い」のが大好きな日本人に根強い人気を誇る料理でもある。冷凍法は事前に仕込んでおけるので、小規模な店で重宝するはずだ。

（作り方は122ページへ）

凍ったままオーブンに入れるのが河井流。とうもろこし以外に、季節の果物のピュレを使ったデザートスフレも作っている。写真は左がとうもろこし、右はいちごのスフレ。

付け合わせをスフレの中に入れ、器の中で混ぜながら食べる。

原書訳文

とうもろこしのスフレ・アラクレームより
　とうもろこしは茹でるか蒸して火を通す。手早く裏漉しして出来たピュレを鍋に入れ、バター1かけらを加える。強火にかけて余計な水分をとばす。生クリームを加えて柔らかな生地状にする。このピュレ500gあたり卵黄3個を加え、固く泡立てた卵白4個分を混ぜ込む。型に流し込み、標準的なスフレ[1]と同様に焼く。

とうもろこしのスフレ・パプリカ風味より
　とうもろこしを裏漉しする前に、バターで色よく炒めた玉ねぎのみじん切り大さじ2杯と、とうもろこし500gあたりパプリカ1つまみ強を加える。
　その後の手順は標準的なスフレと同様にする。

【原注】
この2種のスフレはガルニチュールとして供してもいいし、好みに合わせてタンバル型[2]や小さなスフレ型で焼いて供してもいい。茹でた鶏の大皿仕立ての料理にいい付け合わせとなる。

訳注
1)『料理の手引き』では、スフレは全般的に低温のオーブンで焼くよう指示されている。
2) 円筒形で比較的高さの低い型。

ウィットに富んだ見立て料理

サーモンのコトレット・ポジャルスキ[1]
Côtelettes de Saumon Pojarski

　サーモンを骨つきのラム肉そっくりに仕上げた「見立て料理」である。

　キリスト教では、復活祭（イースター）前の準備期間を「四旬節」と呼び、中世から19世紀初頭くらいまで、熱心な信者たちはこの時期に肉食を断っていた。そこで、魚や野菜で肉料理の趣きを味わう見立て料理が発達したわけだ。エスコフィエの時代、この風習は厳格に守られていなかったが、彼が敬愛するアントナン・カレームが見立て料理を愛していたため、『料理の手引き』でも「マスのメダイヨン」や「マグロのシャルトルーズ」など、多数掲載されている。

　自然の豊かな風景を皿の中で表現する料理は、近年でも日本料理や北欧料理によって世界で大きなブームを呼んだが、遊び心のある見立て料理もまた、客の心をつかむはずだ。

　河井シェフは、サーモンのムース以外に、黒鯛の白いムースを使って脂身まで再現。サーモンの皮のチップスを骨がわりに刺し、より本物の見た目に近づけた。

　ソースは、サーモンのアラをベースにフュメ・ド・ポワソンと赤ワインを煮詰めたソース・ジュヌヴォワーズをチョイス。サーモンのおいしさを余すことなく皿に盛り込んでいる。

（作り方は123ページへ）

丸形のセルクルから自作したコトレット型に2色のムースを絞り入れる。コトレット型は市販もされているそう。

赤ワインソースはもともとは魚用ソースで、肉に使うことはごく稀だったそう。『料理の手引き』でも魚料理用ソースと記載されている。

原書訳文

　きれいに掃除したサーモンの尾の身500gを包丁で粗く刻む。冷たいバター125gと、牛乳に浸して絞ったパンの身125gを加える。全体をさらに刻み、滑らかで均質なアパレイユにする。塩、こしょう、ナツメグで味を調える。

　これを10等分し、打ち粉をした台の上でコトレット[2]の形状にする[3]。これらを提供直前に、澄ましバターで両面こんがりと焼く。皿に環状に盛り付け[4]、チャップ花を飾る。

　ガルニチュール……小エビの尾の身、牡蠣、ムール貝、マッシュルーム、バターで蒸し煮したきゅうり[5]、フレッシュなプチポワなど。

　ソース……魚用ソースならどれでも合うが、とりわけ白ワインソース、ニューバーグ[6]、アメリケーヌがいい。

訳注
1) 名前の由来については98ページを参照
2) 原文 Côtelette（コトレット）。仔牛、羊の骨付き背肉を肋骨1本ごとにカットしたもの。骨を除去した形状でも同じ名称。日本語の「カツレツ」の語源となった。
3) コトレット型 moule à côtelette というものが市販されており、近年ではシリコンゴム製のものもあるが、薄い銅板やステンレス板から自作することも可能。この型の出来ばえによってこのレシピの最後に指示されている「チャップ花」を付けられるかどうか、そういう装飾が意味を持ち得るかどうかが決まるといってもいいだろう。
4) こういった盛り付け方法を採る場合には、中央にガルニチュールを盛り込むことが多い。
5) きゅうりの品種については98ページを参照
6) 「オマール・ニューバーグ」という料理で作られるソース。詳しくは98ページを参照。

Un de ces jours *K*awai Kenji

味で表現する「モスクワ風」

モスコヴィット・アラクレーム
Moscovite à la crème

　モスコヴィットは「モスクワ風」という意味だが、実はババロアのことである。

　普仏戦争でフランスと敵対していた旧プロイセン王国（現ドイツ）の名前（ババロアはドイツ・バイエルン地方に由来する）を料理名に使うことを嫌ったエスコフィエが、傾倒していたロシアの都市名に変えてしまったのである。

　『料理の手引き』のレシピ自体には、「モスクワ風」を思わせる工夫は見られないが、河井シェフはこのエピソードからインスピレーションを得て、ボルシチ風にビーツとサワークリームを合わせ、さらにモスコヴィットにウォッカで風味をつけ、味の面でもモスクワ風に近づけた。

　サワークリームを加えた生クリームの酸味だけでは味がぼやけるので、ビーツを赤ワインとハイビスカスティーで煮込んで酸味をきかせ、その煮汁を煮詰めてソースとしてモスコヴィットの中央に流す。

　まわりには抹茶のビスキュイを乾燥させ、フードプロセッサーで挽いたパウダーをまぶし、シンプルなモスコヴィットに複雑な風味を持たせ、飽きのこない味に仕上げた。

（作り方は124ページへ）

ビーツは赤ワインとハイビスカスティーで甘酸っぱく煮込み、鮮やかに発色させる。

原書訳文

モスコヴィット・アラクレームのアパレイユ……片手鍋に粉砂糖500gと卵黄16個を入れてしっかりとよく混ぜる。沸かした牛乳1ℓでのばす。牛乳はあらかじめバニラ1本で香りを煮出しておくこと。冷水に浸しておいた板ゼラチン25gを加える。弱火にかけて、スプーンがコーティングされる状態になるまで加熱するが、沸騰させないこと。

　釉のかかった陶製の容器に、シノワで漉し入れる。時々混ぜながら冷まし、粘り気が出てきたら泡立てた生クリーム1ℓと粉砂糖100g、バニラシュガー25gを混ぜ込む。

（中略）

モスコヴィットの型詰めと盛り付け

　モスコヴィットは通常、中央に穴の空くタイプの型に、スイートアーモンド油を軽く塗ってからアパレイユを流し込む。円形に切った白紙でアパレイユに蓋をしてから、型を砕いた氷に埋め、冷し固める。

　提供直前に、型をさっとぬるま湯に浸して、皿に逆さにして型から外す。皿は折り畳んだナフキンを敷いておくといいが、そうでなくてもいい。

　型に油を塗るのではなく、砂糖をブロンド色のカラメル状にして塗ってもいい。そうするとデザートとしての見た目もよく、味わいも素晴しいものになる。

　もうひとつ、お勧めの方法がある。それは、野菜料理用などの銀製の深皿にアパレイユを流し入れて周囲を氷で覆うというものだ。この場合は型から外さないので、アパレイユはかなり柔らかく作ることが可能となり、繊細な口あたりに仕上げることが出来る。

　この最後の方法を採る場合には、果物のコンポートか生の果物のマセドワーヌ[1]を添えることがある。だが、こうした果物の添え物はむしろ冷製のプディングにふさわしい。もっとも、冷製プディングとモスコヴィットがよく似たものとは言えるが。

　最後に、型に詰める場合でもそうでない場合でも、提供直前に、絞り袋で、真っ白またはロゼ色のクレームシャンティで装飾してやること。

訳注
1) 原文 macédoine。いろいろなものを混ぜた結果、が原義。通常はさいの目に切った何種類かの野菜をマヨネーズなどのソースであえたものや、フレッシュな果物数種をさいの目に切ってシロップをかけたものを指すことが多い。ただし、さいの目に切ることは「用語」の概念には含まれていないので、さいの目にするのはあくまでも慣習による。切り方は自由と考えてもいい。

＊中略部分には、果物のモスコヴィットのレシピ（98ページを参照）が紹介されている。

045 | Un de ces jours / Kawai Kenji

『料理の手引き』をおいしさの根拠に、自分の感性を上乗せする

La Tourelle
ラ　トゥーエル

Yamamoto Seiji
山本聖司

「何でもありのこの時代だからこそ、フランス料理をこちら側へ引き寄せるよりもあちら側へ押し込みたい、要は日本的に応用するより、不可能だとは解っていても、ほんの少しでもフランス文化の深淵を覗いてみたいという気持ちが強いです。こちら側へ引き寄せることは、語弊を恐れずに言えば誰にでもできます。日本人ですから。ですが私は、世界中で反復可能なフランス料理の深いところに少しでもふれたいのです。それができれば、もう思い残すことはありません（笑）」

こう話す山本シェフは、『料理の手引き』を「あちら側」の感覚を身につけるための参考書として活用しているという。この本に掲載されている料理は、エスコフィエが伝統的なフランス料理を体系化したものであり、脈々と受け継がれてきたフランス料理の文化そのものを学ぶことができるからだ。

『料理の手引き』にここまで深く興味を持ったきっかけは、山本シェフ自身が天才と賞讃するシェフたちの料理を考察しているうちに、彼らの多くが『料理の手引き』を読み込み、そこからのアレンジによって、革新的な料理を誕生させている事実に行き着いたことだった。

分子ガストロノミーの第一人者として知られる「ザ・ファット・ダック」のヘストン・ブルメンタールもその1人だ。

「彼は英訳版の『料理の手引き』に序文を寄せていて、そのなかで、『料理の手引き』や『ラルース・ガストロノミック』に載っている料理を何度もくり返し作りながら、独学でフランス料理を学んだことを告白しています。

科学や奇想天外な演出を駆使するため、彼の料理にクラシカルの片鱗なんて微塵もないように思われがちですが、実際に食べてみると、味の構造や考え方は、完全に『料理の手引き』を出発点としています。はじめて料理を食べたときには、知識を応用する力量の高さに感嘆しきりでした。それと同時に、『料理の手引き』の有用性を身を持って実感しました」

ザ・ファット・ダックでの衝撃以来、山本シェフは『料理の手引き』を、「アウトサイダーの自分（フランスに対して第三者である外国人という意味合い）が、フランス料理を作る際によりどころとする、ひとつの大きな指標」と位置づけ、自分の感覚とフランス料理のおいしさとのすり合わせに活用するようになった。

「日本人の味覚を持つ私が、フランス料理におけるおいしさのセオリーを舌だけで感覚的に身につけることは難しい。ヘストン・ブルメンタールもイギリス人ですから、フランスから見れば、私と同じくアウトサイダーです。アウトサイダーは、料理のバックグランドを、舌だけでなく呼び出し可能な知識として頭の中に持っておく必要があると思います。

『料理の手引き』をフランス料理のおいしさのひとつの指標とし、そこを起点に自身の感性をどこまで乗せていくのか。このバランス感覚がポイントになってくるのではないでしょうか。今後も『料理の手引き』への読解力と、料理への応用力を磨いていきたいですね」

意外な組み合わせの妙を
シンプルに味わう

レチュ・骨髄添え
Laitues à la Moelle

　肉料理の付け合わせとして紹介されている料理。煮込んだレタスと牛の骨髄だけで完結するごくシンプルな構成ながら、レタスのほのかな苦味と骨髄の甘味がからみ合って意外にも深い味わいを生み出す。山本シェフもはじめて食べたときには衝撃を受けたそうだ。

　日本ではなじみのない組み合わせの妙をストレートに味わってもらおうと、山本シェフはアミューズとして供する。肉との相性のよさを生かし、煮込んだレタスと牛の生ハムを重ねて巻き、やさしく火入れした骨髄を上にのせた。

　まわりに散らしたパウダーは、骨髄を溶かし、炭火焼きにしたフォワグラの脂と混ぜ合わせてマルトデキストリンに加えたもので、焼いた骨髄との間に口溶けの時間差を作り、味に奥行きを出すのが狙いだ。

（作り方は128ページへ）

骨髄を抜いたあとの骨も器として利用。レタスと生ハムの間にはトリュフも入っている。

加熱しても食感が残るロメインレタスを使用。フォン・ド・ヴォライユとベーコンで煮込んで味をよく含ませる。

骨髄はサラマンダーの遠火でじっくり焼き、とろりとした食感を生かす。

原書訳文

レチュ[1]をブレゼし、皿に盛り付ける。その上に、やや低温で加熱した牛骨髄の大きなスライスを環状に飾る。軽くバターを加えてとろみを付けたジュをかけて供する。

訳注
1)「サラダ菜」に属する系統の結球レタスのこと。日本の一般的な結球レタス（クリスプヘッド）と異なる品種で、バターヘッドレタスとも呼ばれ、日本のいわゆる「サラダ菜」は、この品種を結球する前に若どりしている。テクスチャー、風味ともクリスプヘッドとはかなり異なり、加熱調理への適性が高い。従来は中心部のみ取り出してブレゼするのが一般的だった。近年はシュクリーヌ、ジェムと呼ばれる、小型でロメインレタスにやや近い系統の品種が流通しており、こちらを用いることが多い。

スパイスの多用で
エキゾチックな味を強調

オマール・クラレンス[1]
Homard Clarence

　「クラレンス」と名のつく料理にはカレー粉を使ったエスニックな味わいのものが多い。エスニック料理が発達、浸透している現代の日本に合わせ、山本シェフはそこからさらに一歩進み、エスニックテイストをより強めている。
　花クールジェットの中に詰めたのは、ココナッツミルクとミントで炊いたジャスミンライス。そこに、玉ねぎとほうれん草、5種のミックススパイスで作ったグリーンカレーペーストを添えた。このペーストは、『料理の手引き』に掲載されている「インド風カレーソース」の作り方を元に考案したもので、スパイスとハーブを多用してエキゾチックな風味は深めつつ、辛味は抑えてあるので、口当たりはまろやか。メインのオマール海老も、オレンジ、生姜、フェンネルなど、爽やかな香りのハーブや香味野菜を加えたクールブイヨンでゆで、風味に一体感を持たせている。

（作り方は125ページへ）

グリーンカレーペーストに使うスパイス。写真上から時計回りに、タイ生姜、レモングラス、シナモン、コブミカンの葉、ミント。

本来はオマール海老にライスを詰めるところを、クールジェットの花に詰め、華やかに。

 原書訳文

　オマールはクールブイヨンで茹で、火が通ったらすぐに取り出して湯をきる。
　ぬるくなるまで冷めたら、縦2つに切る。尾の身を取り出し、やや斜めに厚さ1〜2cmの輪切りにして、魚のフュメまたはマッシュルームの茹で汁少々を加えて保温しておく。
　胴の身とクリーム状の部分を取り出し、これを鉢に入れて、生クリーム大さじ2杯を加えてすりつぶし、目の細かい網で漉す。これを、カレー風味のベシャメルソース250mℓに加える。
　2つに割った胴のそれぞれにインド風ライスを⅔ほど詰め、その上に輪切りにして保温しておいたオマールの尾の身とトリュフのスライスを挟んで交互になるように盛り付ける。
　用意しておいたカレー風味のベシャメルソースの一部をオマールに軽く塗る。温めておいた長い皿に盛り付ける。
　ソースの残りを別添で供する。

訳注
1) イギリス王族の公爵位として知られる。料理としては、『料理の手引き』以前のレシピの例は見あたらず、「舌平目のフィレ・クラレンス」の原注において、「必ずこうすべきという共通理解があるものではない」、と述べられていることからも、明確な定義は得難い。この名称を冠するのはもっぱら魚および甲殻類の料理で、そのほとんどがソース・モルネーまたはソース・ニューバーグ（98ページ「オマール・ニューバーグ」を参照）にカレー風味を足したもの。「舌平目のフィレ・クラレンス」のレシピ本文ではソース・モルネーだけで作る指示だが、原注において、カレー粉を加えたソース・アメリケーヌに代える例が示されている。

051 | La Tourelle *Y*amamoto Seiji

配置にも趣向を凝らし、
4つの味の変化を楽しむ

舌平目のグリル焼き、牡蠣添え・アメリカ風
Sole grillée aux huîtres à l'Américaine

　舌平目のグリルに対しては、40種類近くのソースが紹介されており、当時の需要の高さがうかがえる。

　山本シェフは数あるソースの中から、牡蠣のソース、モリーユのクリームソース、シャンパン・ソース、ソース・ノルマンドと、特に組み合わせのよい4種を選び、贅沢に一皿の中に盛り込んだ。

　盛りつけにもひと工夫し、淡い味のシャンパン・ソースを手前に、奥にいくほど、濃厚なソースになるように配置。一般的に、料理を食べるときには手前からフォークを入れるため、食べ進めるうちに味が濃厚になるように計算しているそうだ。

　牡蠣のソースはうま味が強く、ほかのどのソースとも相性がいい。そこで、ベジタブル・ゼラチンでまわりを固めて真珠状にし、味のアクセントとして、口の中でときおり弾けるように、皿全体に散らした。

　付け合わせに添えたバナナのソテーも、味の大事な構成要素。モリーユのクリームソースのそばにおくことで、バナナの風味と甘味がソースを引き立てる。

（作り方は126ページへ）

原書訳文

　舌平目はグリル焼きにしてもいいし、バターにレモン果汁を加えてほとんど水気のない状態でやや低めの温度で火入れをしてもいい。同様の方法はフィレにおろした舌平目にも合う。が、いちばん多いのはグリル焼き。火入れの方法がいずれであっても、舌平目は温めた皿に盛り、提供直前に、少量のダービーソース[1]を沸かして軽く火を入れた牡蠣6個を周囲に飾る。

　すぐに、揚げたてのパン粉にパセリのみじん切り1つまみを加え、舌平目に覆いかける。

1）詳しい解説は98ページを参照。

まち針の先に凍らせた牡蠣ピュレをつけ、シルバーの色粉を加えたベジタブルゼラチンにくぐらせる。

ゆでてピュレ状にした牡蠣を直径3mmの型に入れて冷凍する。

053 | La Tourelle Yamamoto Seiji

肥鶏・タレーラン

ひと口にすべての味と
食感を凝縮

肥鶏・タレーラン[1]
Poularde Talleyrand

前菜や魚料理はどんなに軽くても、メインの肉料理には食べ応えを重視し、コース全体での満足感を高めたいというのが山本シェフの信条だ。パスタを付け合わせに使うと腹にたまりやすく、日本では敬遠されがちだが、食感に変化をつければ、案外ぺろりと食べられる。

そこで、マカロニのかわりに、もちもちとした食感のニョッキをチョイス。ヨモギ風味で香りの複雑化を狙う。マカロニの語源であるイタリア語「maccheroni（マッケローニ）」が、中世には現在のニョッキに近いものだったことからも着想を得たそうだ。

『料理の手引き』では鶏胸肉はすべてさいの目に切ってソースと混ぜ合わせるところを、塊肉のまま真空低温加熱でジューシーに仕上げ、鶏胸肉で作ったムースを上面に塗る。小さく切ったフォワグラのポワレ、ニョッキ、トリュフのピュレをその上に敷き詰めれば、ひと口のなかに、さまざまな食感が混ざり、噛むたびに味の変化も楽しめる。

ソースは原書どおりのドゥミグラスではさすがに重すぎるので、ジュ・ド・プーレを添え、食べ応えと現代的な軽やかさを両立させている。

（作り方は127ページへ）

鶏胸肉のムースには接着剤としての役割も。
クリーム多めの配合でなめらかな口当たり。

🪶 原書訳文

肥鶏をポワレする。次に胸肉を切り出し、大きめのさいの目に切る。

マカロニ[2]を茹でて短かく切り、おろしたパルメザンチーズとソース・クレーム[3]であえたものを鶏胸肉と同量ずつ混ぜ合わせる。

腹の骨を取り除き、ガラの内部に上で作ったガルニチュールを詰める。肥鶏を元の形にし、最後にファルス・ムスリーヌ[4]で全体を覆う。

表面にトリュフのスライスを王冠状に貼り付けて飾り、バターを塗った紙で包み、中温のオーブンに入れ、ファルスに適温で火を通し、中に詰めたガルニチュールが充分に温まるようにする。

皿に盛り付ける。トリュフエッセンスとトリュフのせん切りを加えたソース・ドゥミグラスを皿の底に大さじ数杯流し入れる。

ソース入れで同じソースを添えて供する。

訳注
1) 名前の由来については98ページを参照。
2) 『料理の手引き』におけるマカロニの定義は99ページを参照。
3) ベシャメルソースをベースに生クリームを加え、クレーム・ドゥーブル（乳酸発酵させた濃厚な生クリーム）とレモン果汁で調味したソース。
4) 肉や魚介の身、卵白、クレーム・エペス（乳酸発酵させた濃厚な生クリームで、クレーム・ドゥーブルよりさらに濃い）を練り合わせたファルス。

温冷2つの作り方をかけ合わせた
新しいデザート

ペッシュ・アンペラトリス[1]
Pêches Impératrice

　「ペッシュ・アンペラトリス」には、グラタン状に焼き上げる温製デザートと、アイスクリームを主体にした冷製デザートが掲載されている。桃とバニラが主役なのは同じだが、付け合わせが異なり、同じ名前とは思えないほど、それぞれに独立したおいしさがある。

　この2つのデザートを融合させたのが、山本流のペッシュ・アンペラトリスである。冷製に登場するローストしたアーモンドからヒントを得て、桃とバニラにキャラメリゼしたアーモンド、ピスタチオ、ヘーゼルナッツを加え、さらにドゥミセックのアプリコットも合わせて、ヌガー・グラッセ風のムースを作り上げる。そこに、温製に登場するリ・オ・レ（ライスプディング）をたっぷり盛り合わせ、シャンパンのサバイヨンを流した。

　甘味が際立つ構成だが、飾りに添えたナスタチウムと野いちごの鋭い酸味、シャンパンの豊かな香り、ナッツのキャラメリゼの香ばしさとサクサク感のおかげで、キレのあるおいしさにまとまっている。
　　　　　　　　　　　　　　　（作り方は130ページへ）

ムース・グラッセを挟んだ桃形の透明シートは、板状の飴。冷製で紹介されている糸飴と、温製に添えられたマカロンからの着想。

イタリアンメレンゲと白桃ピュレをベースに作ったムース・グラッセ。バニラの香りも加わり、これだけでもペッシュ・アンペラトリスの味を構成している。

原書訳文

（温製のデザート）
　縁の高さのないグラタン皿[2]の底に、キルシュかマラスキーノで香り付けした製菓用ライス[3]を敷き詰める。
　その上に、バニラ風味のシロップで煮た半割りの桃を配する。その上を薄く覆うようにライスの層を重ねる。さらにその上に、アプリコットソースの層を作る。砕いたマカロン[4]をちりばめ、オーブンの入口の方に入れて[5]10〜12分加熱する。
　表面を焦がさないように注意すること。
（中略）
アプリコットソース
　よく熟したアプリコットを目の細かい網で裏漉しする。またはアプリコットジャムを用いてもいい。これをボーメ28度のシロップでゆるめる。火にかけて沸騰させ、丁寧にアクを引く。ソースがスプーンの表面をコーティング出来るくらいに煮詰まったら火から外し、アーモンドミルクかマデラ酒、キルシュまたはマラスキーノなど好みで香り付ける。

【原注】
果物のクルート用にこのソースを作る場合は、上等なバター少々を加えてもいい。

（冷製のデザート）
　桃は半割りにし、バニラ風味のシロップで煮て、そのまま冷ます。桃をシロップから取り出して、よく水気を取り除く。半割りにした桃の種を抜いた穴にたっぷりとバニラアイスを詰め込んでいき、半割りにする前と同じ桃の形状と大きさになるようにする。桃の側面にはよく煮詰めたアプリコットソースを塗り、シロップで炒りつけたアーモンドを細かくして、その上を桃を転がしてまぶす。
　フランボワーズのジャムを塗って乾かしたタルトの台にジェノワーズを敷き、キルシュとマラスキーノを浸み込ませた上に桃を盛り付ける。
　糸状にした飴を上から覆いかぶせる。

訳注
1) 名前の由来については99ページを参照。
2) 原文 timbale（タンバル）。円筒形の比較的浅い型および野菜料理用の深皿。
3) バニラの香りを移した牛乳で米を煮込み、卵黄を混ぜて柑橘の香りを加えたもの。中略部分にレシピが記載されている（99ページを参照）。
4) マカロン・クラクレに代表される固いタイプのマカロンのこと。
5) すなわち低めの温度で。

059 | La Tourelle Yamamoto Seiji

コクと軽さを共存させる
油脂と香りのコントロール

仔鳩のタンバル・ラファイエット[1]
Timbale de pigeonneaux La Fayette

銀皿を使った華やかなビジュアルもさることながら、仔鳩、エクルヴィス、タルト生地、ベシャメル、グラス・ド・ヴィアンドにたっぷりのトリュフ……と、代表的な食材と濃厚なソースを一皿に盛り込んだまさに王道のフランス料理が、このタンバル・ラファイエットである。

この料理で山本シェフが心がけたのは、フランス料理らしいエッセンスと深いコクはきっちり踏襲しつつ、食べ疲れのしない軽さ。

ベシャメルソースはシャンパン入りのサバイヨンに置き換え、ジュ・ド・ピジョノーはスターアニスで香りづける。エクルヴィスのソースはアメリケーヌにし、バターは加えずに泡立てる。タルト生地も固くゆでたマカロニに変え、レモン汁で煮たシャンピニオンのトゥルネとセルフィユも添える。すべてのパーツで油脂分を極限まで減らし、爽やかな香りをまとわせることでコクと軽さの両立を図っている。

盛りつける際は鳩胸肉の上に、エクルヴィス、トリュフ、

仔鳩のもも肉とエクルヴィスの爪肉は合わせてクロケットに。衣のサクサクとした食感がさらに軽さを増進させる。

セルフィユを並べる。見た目の美しさだけではなく、皿にのせた食材をひと口で食べてもらい、相性のよさを実感してもらうための工夫だ。

（作り方は129ページへ）

 原書訳文

　高さが低めの型[2]でタンバル用の生地を焼く[3]。
　ボルドー風ミルポワ[4]をバターで蒸し煮し[5]、その鍋でガルニチュール用のエクルヴィス60尾を、白ワイン300mlとコニャック100ml、塩、白しょう、ピンクペッパーを加えて火を通す。火が通ったらすぐに尾の殻を剥き、煮汁は目の細かいシノワで漉してトリュフのスライス100gを加え、そこにエクルヴィスの尾の身を浸して温めておく。エクルヴィスの殻などはバター50gを加えて細かくすりつぶす。これを生クリーム入りのベシャメルソース500mlに混ぜ込み、軽くひと煮立ちさせてから布で漉して、保温しておく。
　上の作業と平行して、小さな仔鳩10羽をごく薄い豚背脂のシートで包んで焼く。火が通ったら、背脂のシートを外し、胸肉の部分の皮を剥いて、胸肉を切り出す。仔鳩を焼いた鍋に白ワインを注いでデグラセし、溶かしたグラスドヴィアンド大さじ数杯とトリュフのスライス100gを加え、そこに胸肉を浸して保温しておく。
　中くらいの太さのマカロニ400gを塩湯でやや固めに茹で、よく湯ぎりをしてから、バター100g、おろしたてのパルメザンチーズ150g、挽きたてのこしょう1つまみ、上で作ったエクルヴィスバター入りのベシャメルソースの⅓を加えてあえる。また、ベシャメルソースの別の⅓はエクルヴィスの尾をあえる。残りは仔鳩の胸肉とあえる。

　盛り付け……タンバルのケースに、まずマカロニの⅔量を詰め、その上にエクルヴィスとトリュフの半量を詰める。再度マカロニを詰め、その上に仔鳩の胸肉を環状に並べる。その中央にエクルヴィスの尾の身の残りを詰める。最後に残ったマカロニで上面を覆い、大きなトリュフのスライスを何枚か飾る。

【原注】
これは、筆者がはじめてニューヨークを訪れた際に友人たちが催してくれた昼食会を機として、筆者自らが作った料理。

訳注
1) 名前の由来については99ページを参照。
2) 原文 une moule plus large que haut. 直訳すると「高さより幅の広い型」。
3)『料理の手引き』にはブリゼ生地は出ておらず、より忠実に作るのであればフォンセ生地を用いることになるだろう。
4) ボルドー風ミルポワの詳しい解説は99ページを参照。
5) 原文 étuver（エチュヴェ）。

仔鳩のタンバル・ラファイエット

受け継がれた90年を、どう進化させるのか
新生「東京會舘」
松本浩之の伝統モダンへの挑戦

初代本館（1922～1970年）

　1934年、魚介専門のフランス料理店が日本にはじめて誕生した。文化人たちや政治家たちが行き交い、「社交の殿堂」と称された東京會舘を代表するレストラン「プルニエ」である。

田中徳三郎シェフ

　皇居の目の前に佇むルネッサンス様式の荘厳な佇まいに加え、西欧料理がまだ珍しかった時代に、パリで修業を積んだ田中徳三郎による本格的なフランス料理が食べられると一躍脚光を浴びた。田中徳三郎は、ホテル・リッツで、エスコフィエからじかに薫陶を受けた数少ない日本人であり、のちにエスコフィエの著書をもとに『西洋料理事典』を書き上げ、フランス料理界を牽引した名士だ。スペシャリテの「舌平目の洋酒蒸ボンファム」をはじめ、田中徳三郎がパリから持ち帰った料理の数々は、まさにエスコフィエの味そのものだった。

　驚くべきことに、東京會舘は建て直しで営業を休止する2015年まで、90年以上にもわたって伝統の味を忠実に守り続けた。常に進化するフランス料理界で、独自の路線を貫いた東京會舘は、希有な存在だったのである。

　その姿勢は、往年のファンを喜ばせたが、料理に新鮮さを求めるメディアや若い世代からは、残念ながら時を経るごとに存在を忘れ去られていったことも事実だった。

　そこで、2019年の新装に向け、東京會舘はついに英断を下した。創業以来はじめて、外部から料理人をシェフとして迎え入れることにしたのである。それが、松本浩之シェフだ。

　松本シェフといえば、六本木の「レストラン　フウ」を6年連続でミシュランの星に輝かせた実力の持ち主。同店では、テロワールを大切にしながら、古典料理を独自の視点で解釈し、斬新なアレンジで再構築してきた。

松本浩之シェフ

　今後も、ベースの手法自体は変えずにいくが、自分の世界を一心に追求してきたこれまでとは異なり、客とともに育んできた東京會舘独自の文化との融合も図っていきたいという。

　「愛されてきた伝統料理については、長年通い続けてくださっているお客様が戸惑わない料理を作りたいです。前とはまったく違うけれど、間違いなくボンファムだ、と思ってもらえるような料理。古典の味をここまで忠実に残してきた店はほかにはないでしょうから、そのよさは生かしてみたいのです。自分の個人的な解釈と、東京會舘の味をどのように融合させるのか、そのバランス感覚を重視して料理を考えています。

　もうひとつ大切なのは、東京會舘は現在でも社交の場であり、お客様同士がゆっくりと交流を楽しむ空間だということです。料理を何度も運んで、サービスマンが細かく解説し、そのたびに会話が止まるのでは、ひとつひとつの料理がどれほどおいしくても、この場所で求められるものとは違うと思うのです。

　私が東京會舘で目指すのは、会話が弾む料理です。ひとつの料理をじっくり楽しめるように量はたっぷりと。その料理を飽きずに最後まで味わい尽くせる方法を模索しています。」

　フランス料理界の夜明けを担ったレストランの味を、松本シェフはどんな形で昇華させていくのか。オープンに先駆け、東京會舘スペシャリテ2品の再構築をいち早く紹介しよう。

舌平目の洋酒蒸　ボンファム

　創業時に結婚披露宴で供して以来、90年以上揺るぎなく受け継がれてきたスペシャリテ。現代の一般的なボンファムのように生クリームを使うのではなく、エスコフィエのレシピと同様、魚のヴルテ（ルーにフュメ・ド・ポワソンを溶かし込んだもの）で濃度をつけていく。

　このヴルテ作りにはとくに力が入っていて、鍋を5回も替えながら、じっくりと炊いていくのが東京會舘流だ。オランデーズソースを作るような方法では時間が経つとソースが分離しやすいが、ヴルテを使えば分離しない。料理人の手を離れてからお客様の口に入るまでに時間がかかった宴会場ならではの工夫だったと考えられる。

　今ではタイムラグはほとんどないので、松本シェフはヴルテは加えず、生クリーム入りのソース・ヴァンブランを使う。そのぶん、味も軽くなってしまうため、舌平目を蒸し煮したときの液体とグラス・ド・サンジャックをソースに加え、凝縮された魚介のうま味で濃厚さを補う。

　さらに、隠し味として「プルプ・ド・シトロン」を身に塗りつける。レモンの果肉を煮込んで味を凝縮させたピュレで、少量加えるだけで味にキレが生まれる。レモン汁を加えるのとは異なり、ソースの濃度を変えずに酸味と清涼感をプラスできるのが利点だ。

　ジャストに火入れした舌平目のふんわりとした食感と、ソースのなめらかさをストレートに味わってもらうため、ガルニチュールは皿の中に盛り込まず、トリュフオイルをまとわせたパート・ヌイユとソテーしたセップ茸を別に添えた。ヌイユとセップ茸にソースをからめると、きのこの風味で味が変化し、最後まで飽きずにソースを味わい尽くせる。

（作り方は131ページへ）

古典に忠実なレシピで作られた、当時のボンファム。「パリよりおいしい！」と好評を博し、東京會舘の名を一気に押し上げた。

原書訳文

舌平目・ボヌファム[1)]
Sole Bonne-Femme

　平鍋の底にバターを塗り、生のマッシュルームのスライス50g、エシャロット1個のみじん切り、パセリのみじん切り1つまみを散らすように敷く。その上に舌平目を置き、白ワイン大さじ4杯と薄い魚のヴルテ大さじ4杯を加える。火にかけて低温で加熱する。

　火が通ったら舌平目を取り出し、ソースを煮詰めてバター150gを加えて口当たりを滑らかに色艶よく仕上げる。ソースを舌平目に覆いかけ、オーブン等で焼き色を付ける。

【原注】
アラカルト方式のレストランの大きな厨房で、ボヌファムの魚料理が多くオーダーされる場合には、以下のようにするといい。魚料理担当者が(朝と夕に)行なうべき仕込みは、
1. マッシュルームの薄切りにエシャロットのみじん切り、塩、こしょう、香草、レモン果汁を加えて蒸し煮したものを用意してストックしておく。
2. 魚のソースを卵黄でとろみ付けしてバターで口当たりと色艶よく仕上げておく。そうすれば、魚料理担当者は、注文があった魚をポシェまたはブレゼし、上述のマッシュルーム適量をソースに混ぜ込み、魚に塗り、焼き色を付けるだけでいい。この、舌平目・ボヌファムの調理法はチュルボ、バルビュ[2)]、メルラン、モステール[3)]等に応用できる。

訳注
1) ボヌファム（bonne-femme）は直訳すると「善良な女性」だが、実際には「おばちゃん」くらいの意味で用いられる語。この語を冠した料理にはやや素朴で家庭的な傾向が強くみられる。
2) 原文 turbot, barbue。いずれも鰈、平目の近縁種。
3) 原文 merlan, mostèle。いずれも鱈の近縁種。

味の決め手となるプルプ・ド・シトロン。強烈な酸味と清涼感があり、松本シェフが修業した南仏では、調味料としてさまざまな料理に利用される。

シャルドネ、ソーテルヌ、フュメ・ド・ポワソンを合わせた液体でやさしく火入れした舌平目は、口の中でほろほろとほどける柔らかさ。

ドーバー産舌平目の洋酒蒸しボンファム
フランス産サマートリュフとオーストラリア産黒トリュフのパートヌイユ添え

伊勢海老のテルミドール

結婚式用の料理として、毎日のように大量に作られていた定番中の定番だ。『料理の手引き』にかなり忠実に作られており、違いといえば、オマール海老のかわりに伊勢海老を使うことと、ソースに角切りのチーズを混ぜ込む程度。エスコフィエのほかの著には、チーズを加えるレシピも見つけられるので、田中徳三郎のオリジナルというよりは、彼が現地で学んできた味なのだろう。

この料理では、各パーツの洗練度を高め、より繊細な味わいに仕上げることを松本シェフは目指した。とくに主役の海老の火入れには細心の注意を払う。生きたまま3分間クールブイヨンで煮てミキュイの状態に仕上げ、ソースやパン粉をかけた上から仕上げにサラマンダーでじっくり焼き、外側と中心部で食感に変化をつける。伊勢海老は中まで十分に火を通さないと変色してしまい、美しい見た目と理想の火入れを両立できないため、松本シェフはオマール海老を使っている。

ソースには、コライユバターを加えて美しいピンク色にし、甲殻類特有の濃厚なおいしさをプラス。田中徳三郎のレシピを踏襲し、2種のチーズも加えて濃厚なコクを持たせる。上面のパン粉には目の細かいタイプを使って均等な焼き色をつけた。

ミキュイで得られる弾力とねっとりした海老の食感、チーズが溶けることで生まれるソースのねっちり感、さらに細挽きパン粉のシャクシャクとした食感と、ひと口に4つの繊細な食感を重ねている。

付け合わせは、セルフィユ、ルッコラ、コリアンダーと、香りの強いハーブを根ごと大胆に盛りつけ、ちぎってつまんでもらう。ハーブによってソースの印象が驚くほど変わるので、食べるたびに新しい味に出会えるのが楽しい。　　　　（作り方は132ページへ）

従来の東京會舘では、伊勢海老で作っていた。練った和がらしを使うため、マスタードとはまた違うパンチの効いた味に仕上がっている。

原書訳文
オマール・テルミドール[1]
Homard Thermidor

オマール海老は縦二つに割る。身の部分に塩こしょうし、弱火でグリル焼きする。尾の身を取り出して、やや斜めに厚さ1〜2cm程度のエスカロップに切り分ける。

イギリス風の、マスタード風味のクリームソース[2]を大さじ数杯、殻に流し込む。エスカロップに切った尾の身を元あったように戻し入れ、上から同じソースを塗る。

強火のオーブンかサラマンダーで軽く焼き色を付ける。

訳注
1）料理名の由来についての詳しい解説は99ページ。
2）『料理の手引き』にイギリス風クリームソースのレシピが紹介されている。コンソメをルーで伸ばし、マッシュルームを加えて煮詰めたものに、生クリーム、小玉ねぎ、パセリを加えて煮る。

活きたままクールブイヨンへ。野菜を入れたままゆでることで、野菜の甘味や清涼感が身に入りやすくなるそうだ。

ミキュイに火入れしたオマール海老。頭部は取り除き、爪の身を加え、殻の中すべてを食べられるように工夫する。

ソース・モルネを上面にたっぷり絞る。焼くとコライユの色が変わり、鮮やかなピンク色になる。

オマールブルーのグラタン　テルミドール仕立て

視点をずらし、
古い技術に新たな価値を見出す

le vin quatre
ル ヴァンキャトル

Kitano Tomokazu
北野智一

　修業時代には、フランス料理の何たるかを知る基本の書として、『料理の手引き』の内容を1から10まで額面どおりに受け取った。その知識は、いまも北野シェフの料理を力強く支える土台となり、料理を組み立てるさいには、『料理の手引き』に載っている食材の組み合わせを味のベースに、自分らしいエッセンスを加えていく。一見突拍子もないような食材をチョイスしたり、奇抜な仕立てに挑戦したりと、冒険の方向はさまざまだが、いつでも『料理の手引き』の味が根底にあるからこそ、北野シェフの料理には、不思議と古典料理がかもし出すような安心感がある。

　最近、改めて『料理の手引き』を読み直す機会が増えたそうだが、修業時代とは異なる視点から内容が捉えられるようになり、味の組み合わせ以外に、技術の再活用へと頭が向くようになってきたという。

　エスコフィエの時代と現在の決定的な違いは、設備の飛躍的な向上により、鮮度や加熱時の温度管理を徹底できるようになったこと。その利点を念頭に置きながら『料理の手引き』を読み進めると、温かい料理を冷製にアレンジしたり、素材の味を生かした仕立てなど、当時は不可能だった調理法への応用が思い浮かんでくる。また、設備の向上で省略されるようになった調理工程も、「いまは不要」と簡単に切り捨てず、少し視点をずらして考えることで、エスコフィエが意図した目的とは別の効果を発見できることもある。

　たとえば、鶏肉にベーコンや網脂を巻いてグリエするのは、鶏肉に間接的に火を入れるのが目的だったが、コンベクションオーブンや真空パックの登場で、必要性はなくなった。だが、ベーコンの燻製香をほんのりまとわせる、油脂の少ない肉に油分を補給する、というふうに目的を再定義すれば、その手法に新しい価値が生まれる。

　使わない道具は、引き出しの奥へ追いやられるように、削ぎ落とされた技術は、普段の仕事では思い出すこともない。『料理の手引き』は、そんな忘れ去られた技術の活用を見出すチャンスを与えてくれる。

「古い技術が、新しい料理を生み出すヒントになる。料理人として経験を積んだ現在のほうが、面白がって読んでいます」

国産食材で日本の
テロワールを構築する

ブロシェ[1]のクネル・リヨン風
Quenelles de Brochet à la Lyonnaise

　ブロシェ（キタカワカマス）のかわりに、サクラマスを使ってクネルを作る。目指したのは、日本の清流を思わせるような澄んだ味わいだ。

　ブロシェのクネルといえば、エクルヴィスを使ったナンチュア（『料理の手引き』の原書訳文は99ページ）や、オマール海老のアメリケーヌなど、甲殻類のソースが定番。北野シェフは、サワガニを使ってソース・ナンチュアを作る。エクルヴィスに比べてさっぱりし、鋭いキレのあるソースに仕上がる点が気に入っている。隠し味にベシャメルソースを少量加えて濃度をつけ、爽やかな風味のなかにコクと濃厚さを足す。

　現地のビストロでは、クネルの付け合わせにバターライスを添えることが多いという。そのイメージで、黒米ともち米でカリッと歯応えのあるスフレを作り、クネルをその中に忍ばせた。食感のアクセントに加えたキヌアのマリネ、サワガニのフリットで飾れば、目でも涼やかな小川のせせらぎを楽しめる。　　　　（作り方は133ページへ）

クネルにはパナードは加えず、なめらかさを重視。みじん切りにしたケッパーを加え、ほのかな酸味で清涼感を出す。

使用したのは宮崎県産の天然サワガニ。3日徹底して泥抜きを行い、クセのないすっきりした味のソースに仕上げる。

原書訳文

　必要量のリヨン風ゴディヴォ[2]を用意する。スプーンでクネルを成形し、バターを塗ったソテー鍋に並べていく。

　これを標準的な方法で、沸騰させない程度の湯で火を通す。クネルを取り出して湯をきって、何らかの魚のソースで10分間ごく弱火で煮込む。この料理の特徴である、ぷっくり膨らんだ姿にすること。

　採用したソースの粘度が高くて、クネルとソースを合わせるのが仕上げの段階にならざるを得ない場合には、美味しいフュメ・ド・ポワソン適量とともにクネルを容器に入れ、蓋をしてから加熱し、あらかじめ膨らませておくこと。

訳注
1) 原文 brochet。ノーザンパイク、和名キタカワカマス。カワカマス属の淡水、汽水魚。
2) ゴディヴォについては34ページを参照。リヨン風ゴディヴォの原書訳文については99ページを参照。

酸味コントロールで
セルヴェルの匂いをうまく逃がす

牛セルヴェル[1]のマトロット
Matelote de Cervelle

　赤ワイン入りクールブイヨンで煮たセルヴェルが主役。液体は本来は煮詰めてソースにするところを、ゼラチンで固めてゼリー寄せにし、赤いマリナードに漬けたカリフラワーと一緒に盛り合わせた。セルヴェルの形を生かしたポップな見た目のサラダだ。

　冷製の場合は、温製に比べてほかの食材の香りが控えめになるので、セルヴェル特有の香りが悪目立ちしやすい。その風味をどう逃がすかが課題だ。まずはエスコフィエと同様に、香味を十分に効かせたクールブイヨンで煮込み、臭みをしっかり取り除く。

　さらに、付け合わせる野菜は赤紫蘇の葉をもみ込んだマリナードに漬けて爽やかな香りと酸味を効かせ、セルヴェルの香りが、後味として残らないように調節している。

（作り方は134ページへ）

赤ワインの色で真っ赤に染まったセルヴェル。液体ごと一晩冷やし、クールブイヨンの風味をしっかり浸透させる。

赤紫蘇の葉、白ワインヴィネガー、赤ワインヴィネガーを合わせた鮮やかな色のマリナードに、ゆでたカリフラワーとペコロスを一晩漬け込む。

原書訳文

　水にさらしてよく血抜きをしたセルヴェルを、あらかじめたっぷり香味を効かせて用意しておいた赤ワイン入りのクールブイヨンで茹でる。その後、厚さ1～2cmにスライスし、あらかじめ茹でておいた小さなマッシュルームとバターで色艶よく炒めた小玉ねぎを加える。
　茹で汁を布で漉し、ブールマニエ[2]を加えてとろみを付ける。これをやや深さのある皿に盛りつけて、セルヴェルの上にかける。ハート形に切って澄ましバターで揚げ焼きした小さなクルトンを添える。

【原注】
火入れのプロセス以外、このマトロットは（中略）「牛の脳・ブルゴーニュ風[3]」とまったく同じものだ。

訳注
1) 原文 cervelle は脳のこと。
2) 料理の手引きには、「煮汁などに手早くとろみ付けをするのに用いる。小麦粉75gにバター100gの割合が原則」とある。
3) 「牛の脳・ブルゴーニュ風」の火入れでは、炒めたマッシュルームと小玉ねぎをセルヴェルにあらかじめ合わせ、赤ワインソースを覆いかけてごく弱火で7～8分煮る。

073 | le vin quatre *K*itano Tomokazu

いまの鮮度を生かす冷製仕立て

エイ・焦がしバター
Raie au beurre noir ou au beurre noisette

　100年前と現代でいちばんの変化は、輸送や保存技術の向上で、食材の鮮度が格段によくなったことだろう。とくにエイは、鮮度が落ちるほど特有のアンモニア臭が強くなる。現在手に入るエイのすばらしい鮮度を生かし、軽い火入れにとどめてエスコフィエの時代では難しかった冷製に仕立ててみた。

　冷製の利点は、温製では出せない食感とうま味。しっかりと加熱すると溶け出してしまうゼラチン質も、冷製なら内部にしっかりとどまり、うま味とみずみずしさが味わえる。

　さっとゆでたエイの身をほぐしたら、ゆでたキャベツ、トマト、ケッパー、少量のフォン・ド・ヴォーと混ぜ合わせる。香りの強いエイには、濃厚なソースや香りの強い食材を合わせがちだが、ヴィネガーやフォンの量は極力減らし、軽く風味をつける程度にとどめる。

　香ばしい焦がしバターはマルトデキストリンで粉状にし、酸味の強いシェリーヴィネガーは、クルトンに染み込ませて一緒に散らす。強い風味の要素は、エイにからめるのではなく別のパーツにして散らすことで、味と食感に変化がつき、素材の味がより引き立ってくる。

（作り方は135ページへ）

みずみずしいエイの身は、乾燥させたキャベツの葉に隠す。キャベツも2種の調理法を使うことで、食感だけでなく、異なる味の魅力を引き出せる。

エイをゆでるときには、クールブイヨンを火からはずし、余熱でさっと火を通す。一晩冷蔵庫で寝かせてから骨から身をはずす。

原書訳文

（エイの項目から一部抜粋）
（約10人分は掃除をしていない状態で2kg）
基本的な下拵え……掃除をしていない状態のエイは、ブラシで洗い、切り分ける。これを水1ℓあたり12gの塩とヴィネガー200mℓを加えた鍋に入れて沸騰させないよう加熱する。火が通ったらすぐに取り出して水気を切り、皮をはぐ。すぐに使わない場合は、茹で汁を布で漉してそこに戻し入れておくこと。

（モリュ・焦がしバターの項目から一部抜粋）
　皿にのせて、少しの時間、乾かす。上から粗みじん切りのパセリを振りかける。レモン果汁を身にかけてやり、10人分あたり200gの黒バター[1]すなわち焦がしバターを覆いかける。*

訳注
1) 黒バター（原文 beurre noir）という名称は19世紀、とりわけカレームが好んで使ったもので、焦がす程度は料理人の判断や食べ手の嗜好にも左右されていいが、文字通り「黒」にする必要はまったくない。こんにちでは、焦がしバターは beurre noisette（ブールノワゼット）と表現することの方が多い。
* エイ・焦がしバターの項目には、「モリュ・焦がしバターとまったく同様に調理する」との記述があるため、最後の4文は「モリュ・焦がしバター」から引用した。

ファルスとの相性を高める
ケンネ脂入りパート

仔牛ロニョン[1]のクルート
Croûte aux Rognons

　ラードを練り込んだパテ用の生地は、『料理の手引き』のなかでも、北野シェフがとくに衝撃を受けたレシピだ。エスコフィエとしては、経済面を考慮した選択だったのだろうが、北野シェフはそこに「油脂を変えることで生地の風味や食感を変化させ、ファルスとの相性がもっと高められるはず」と、希望を見出した。

　今回、取り組んだのは、ラードのかわりにロニョンのまわりを覆うケンネ脂を使った生地。ソテーしたロニョンをパンの器に盛り付ける「ロニョンのクルート」をベースに、パンのかわりに、この生地でロニョンを包んで焼き上げ、マッシュルームと白ワインのソースで仕上げた。

　ケンネ脂を使う利点は、なんといっても風味。あえてロニョンの香りをまとったケンネ脂を使い、香りを生地にも練り込むことで、ファルスとの一体感が高まった。

　食感はブリゼ生地に近く、ざっくりと噛み応えがあり、ロニョンの弾力ともよく合う。さらに、厚みのある生地でロニョンを保護しながら焼き上げられるため、間接的な火入れでロニョンをジューシーに仕上げられるのも魅力だ。

（作り方は136ページへ）

ケンネ脂入りの生地を竹炭を使って黒く染める。厚みさえ整えておけば均一に火が入りやすい生地なので、円筒形のように、形の自由度も高い。

生地でロニョンが保護され、理想的な火入れが可能に。ロニョンと生地との隙間は、黒毛和牛のファルスで埋めてある。

原書訳文

　パン・ジョコ[2]あるいは見た目に面白い形状のパンを2.5cm厚にスライスする。形状を整え、底がごく薄くなるようにして、内部をくり抜く。内側にバターを塗り、オーブンに入れてパリっとさせる。

　仔牛のロニョンをマッシュルームとともにソテーし、マデラ酒やシャブリなどで風味付けし、上記のクルートに盛り込む。

【原注】
このクルートは食パンを正方形や長方形にして作ってもいい。その場合は澄ましバターで揚げること。

型に詰めて焼くパテ用の生地
　これは2種ある。（1）標準的な生地、（2）ラードを用いた生地。
　（一部順序を入れ替えて掲載）
　ラードを使う生地の材料……ふるった小麦粉1kg、ぬるい温度に戻して柔らかくしたラード250g、全卵2個、塩30g、ぬるま湯400㎖。
　小麦粉を台の上に山にして中央に窪みを作る。そこに塩、水、卵、ラード*を加えてデトランプ[3]にする。

これを手の平の手首に近いあたりを使って伸ばすようにして捏ねる。これを2回行い、滑らかで均一にまとまった生地にする。麺棒でのしてから、布で包み、使うまで冷所に置いておく。

【原注】
生地は出来るだけ24時間前に仕込んでおくこと。そうすれば粘りは出にくい。休ませた生地の方が、捏ねたばかりの生地より圧倒的に扱いやすいし、よりきれいな焼き色に仕上げられる。

訳注
1) ロニョン（原文Rognons）は仔牛、牛、豚などの場合は腎臓のこと。雄鶏の場合は精巣を指す。
2) 原文 pain Joko。パンの形状の名称のひとつで、バタールより太く短かく、ブール（boule ボール形）ほど丸くない。もっとも、あまり厳密な定義はないため、バタールとほぼ同等と考えていいだろう。
3) 原文 détrempe。小麦粉が水分を吸って軽くまとまった状態のこと。
*本来は、「標準的な生地」の作り方が記載され、ラードを用いた生地は配合だけが記されているそのため、原文ではラードではなく、バターと記載してある。ここでは、標準的な生地の配合は割愛した。

煮込みのおいしさを担うチュイル

仔鳩とプチポワ
Pigeonneaux aux petits pois

　鳩肉をグリンピースや豚肉、小玉ねぎと一緒にドゥミグラスソースで煮込んだシンプルな料理を、食材ごとに調理法を変えて、それぞれに最適な火入れを施し、見た目にも鮮やかに再構築した。

　味の要となるのが、玉ねぎ、グリンピース、仔鳩のレバーをソテーし、塩漬け豚ばら肉のかわりにベーコンのだしと一緒にピュレ状にして薄焼きにしたチュイル。本来の煮込み料理の味が凝縮されたチュイルと一緒に食べることで、別々に調理されたパーツにも一体感が生まれ、煮込みならではのおいしさと、各食材の持ち味を同時に味わえる。

　ソースには味の濃いドゥミグラスのかわりに、グリンピースのさやで作ったピュレとジュ・ド・ピジョノーを使い、素材自体の味と、食材の相性のよさを強調した。

（作り方は137ページへ）

エトフェの仔鳩を使用。胸肉は低温調理で、水分を逃がさず、上品かつジューシーなおいしさを生かす。

チュイルには煮込みの要素が凝縮。食感のアクセントとしても重要な役割を果たす。

原書訳文

　塩漬豚ばら肉60gはさいの目に切って下茹でしてから、仔鳩1羽あたり6個の小玉ねぎとともにバターでこんがり炒める。これらを鍋から取り出して油をきり、その鍋で仔鳩の表面に焼き色を付ける。鍋の脂は取り除き、少量のフォンを注いで鍋の底に貼り付いた肉汁を溶かし出す[1]。ソース・ドゥミグラス適量と鳩1羽あたり150mlのプチポワを加える。鍋に塩漬豚ばら肉と小玉ねぎを戻し入れ、ブーケガルニを加える。そのままごく弱火で火を通す。

訳注
1）原文 déglacer（デグラセ）。

白桃の魅力を引き出す
グラッセの効果

ペッシュ・アンペラトリス[1]
Pêches Impératrice

　桃をまるごと使った贅沢なデザートを、現代のレストランに合わせた小さなポーションに仕立て直した。バニラアイスクリームとスポンジの土台の上に、コンポートの桃を凍らせてバラ形に盛りつけ、小皿ながら「皇后」の名にふさわしい華やかさを表現している。

　日本の桃は香りが非常に強く、コンポートにしても風味がしっかり残るのが魅力。ただ、ヨーロッパ産のものに比べると柔らかく、煮込むと食感が損なわれやすい。そこで、固さを保つために、煮込まずに熱いシロップに10分ほど浸け、まわりを氷水に当てて、さましながら味を染み込ませていく。さらにシャーベット状に凍らせることで食感を完全にカバー。食べ進めるうちに徐々に溶け出し、バニラアイスクリームやフランボワーズソースと混ざり合って味が変化していくのが楽しい。

（作り方は138ページへ）

桃は桂むきにし、シロップに浸ける。フランボワーズピュレを加えることで、酸味で味が引き締まり、変色を防いで見た目も鮮やかになる。

原書訳文

　桃は半割りにし、バニラ風味のシロップで煮て、そのまま冷ます。桃をシロップから取り出して、よく水気を取り除く。半割りにした桃の種を抜いた穴にたっぷりとバニラアイスを詰め込んでいき、半割りにする前の桃の形状と大きさになるようにする。桃の側面にはよく煮詰めたアプリコットソースを塗り、シロップで炒りつけたアーモンドを細かくして、その上を桃を転がしてまぶす。

　フランボワーズのジャムを塗って乾かしたタルトの台にジェノワーズを敷き、キルシュとマラスキーノを浸み込ませた上に桃を盛り付ける。

　糸状にした飴を上から覆いかぶせる。

訳注
1) 名前の由来については99ページを参照。『料理の手引き』では、上記で記した以外に、同じ名前で温製のデザートも紹介されている。こちらの訳文は58ページを参照。

081 | le vin quatre *K*itano Tomokazu

エスコフィエの「意図」を拡大し、コースに合わせたアレンジを施す

gri-gri
グリグリ

Ito Ken
伊藤 憲

　伊藤シェフの料理からは、食材の意外なマリアージュがいくつも発見できる。調理場で実験するうちに自然と辿り着くこともあれば、世界の料理から着想を得ることもあるが、フランス料理の定石ともいえる『料理の手引き』のレシピからアイデアをもらうことも少なくない。

　「この本に載っている料理は誰もが知っているように思われがちですが、5千以上あるレシピのなかで、定番として世間に浸透しているものはごくわずか。たとえば、「ロッシーニ風」といえば牛フィレ肉の一皿は有名でも、フォワグラとトリュフと舌平目の組み合わせも紹介されていることは案外知られていないと思います。読んでいると、面白い組み合わせに出会うことが結構多いんですよ」

　店ではシェフお任せの多皿コースだけを提供し、一皿ずつの出来はもとより、コース全体のバランスが満足度を大きく左右する。『料理の手引き』の料理には、不思議と心をほぐすおいしさがある。エスコフィエから着想を得て作った料理をコースのなかに加えておけば、「面白い」「楽しい」といったエンタメ性にとどまらず、「おいしいものを食べた」という充足感が加わる。

　とはいえ、『料理の手引き』をそのまま作ったのでは、コースの中でその皿だけが浮き上がり、コース全体がちぐはぐで、調和がなくなってしまう。そこで、『料理の手引き』を読むときには、それぞれの料理が、食材に対してどんな目的をもって調理されているかという、エスコフィエの意図をまずはじめに考える。

　伊藤シェフはエスコフィエの意図を読み解き、その解釈を拡大していくことで、コースの構成やいまの味覚に合わせたアレンジを施していく。そのとき、解釈は自由に拡大しながらも、確立された本来のおいしさからは完全にはずれないように心がけている。あくまで自分なりに解釈した「エスコフィエの意図」に基づいて料理を組み立てることで、どんなに遊び心を加えて大胆にアレンジしても、フランス料理の本質をついた味作りができるそうだ。

多皿コースに見合う軽さの追求

トマト[1]のムース
Mousse de Tomates

トマトをムースにして前菜で供する意図は、口溶けよく、酸味とすっきりした後味で、きたるメインに向けて食欲を増進させるのが狙いだったろう。

伊藤さんが店で展開するのは、9〜10種の料理からなる多皿コース。この品数で、エスコフィエが狙った役割を果たそうとするなら、原書のレシピよりも、さらに軽やかさを追求する必要がある。

そこで、ムースから生クリームを排除し、トマトも雑味のないクリアなエキスだけを抽出して使う。乳脂肪を加えなくても、エスプーマがあれば泡が作れる時代だから、それを使わない手はない。

生クリームを加えないぶん、どうしてもコクが足りなくなる。そこで、アールグレイの香りを移したオイルをたらし、コクのかわりに香りで補うことで、風味を複雑にしている。

(作り方は139ページへ)

トマトはもみつぶして12時間以上凍らせ、自然解凍してから紙漉しする。凍らせることで細胞が破壊され、効率よく液体が抽出できる。ミキサーを使うと種部分のえぐみが出やすく、また、加熱すると生トマトのフレッシュな風味が生かせないので、この方法を採用している。

原書訳文

玉ねぎのみじん切り大さじ1杯をブロンド色になるまでバターで炒める。辛口の白ワイン150mlを注ぎ、半量になるまで煮詰める。トマト300gは、押しつぶしただけで皮も剥かず、種のあるゼリーも取り除かずにざっくりとみじん切りにしてから玉ねぎを炒めていた鍋に加える。塩こしょうし、ピンクペッパー1つまみとパセリの枝1本を加える。

蓋をして弱火で25分間煮込む。

トマトが煮えたら、ヴルテ大さじ4杯と、仔牛の足からとったジュレ、なければ冷水に漬けておいた板ゼラチン3枚を加える。そのまま2分間煮立てる。その後、布で漉し、塩こしょうで軽く味を調えるが、次に生クリームを加えるのを勘案すること。ほぼ冷めた状態になったら、5分立てした生クリーム大さじ5〜6杯を加える。

これは器ごと供するので、その器に流し込む。氷の上に器を置くか、冷蔵庫に入れて冷し固める。

訳注
1) 19世紀にはトマトが食材として普及し、さまざまなレシピが考案されたが、このムースについては『料理の手引き』以前の文献には見られないようだ。それ以降に刊行された『ラルース・ガストロノミック』初版(1938年)では当然のようにトマトのムースが掲載されている。

トマトのムース、アールグレイの香り

トマトのムース
Mousse de Tomates

　トマトのムースに極限の軽さを追求するなら、ゼラチンを加えず、泡状にする必要もなくなる。伊藤シェフは、喉越しがよく、純粋に味だけを楽しめるトマトのスープを、アミューズとして供することも多い。どこまで軽くするかは、コース全体のバランスを見ながら決めているという。

（作り方は139ページへ）

解凍したトマトを紙漉したものがこちら。雑味が除かれ、トマトの酸味と風味がクリアに際立つ。

グレープシードオイルに、アールグレイ茶葉の粉末を加え、香りを抽出しやすい温度帯で7〜8時間かけて香りを移す。トマトのエキスに直接アールグレイの香りをつけると、ふたつの香りがぶつかり合ってしまうが、植物性オイルを緩衝材にすると、アールグレイの香りが油脂でマスキングされてまろやかになり、全体が調和してくる。

客席でトマトウォーターを静かに注ぎ入れる。皿のなかでブーラッシュの花が泳ぐさまが美しい。

087 | gri-gri *J* to Ken

トマトのスープ、アールグレイの香り

味と香りにも個性を持たせ、
スープと積極的にマッチングさせる

クルートとクルトン
Croûte et Croûton

『料理の手引き』では、形状もきっちり指定され、厳しくルールが定められているように思われるクルートとクルトン。だが、意図を読み解けば、スープの味を邪魔せず、食感でおいしさを引き立たせるものなら、クルトン、クルートの定義をクリアすると考えてよいのではないだろうか。

そう考えた伊藤シェフは、定義を踏襲しつつ、食感だけでなく、味と香りでも、積極的にスープとマッチするクルトンに取り組んでみた。

作ったのは、卵をベースに薄力粉や竹炭を加え、イーストで発酵させた生地。これをエスプーマで泡にしてから焼き、完全に乾かす。さらに、桜のスモークウッドで燻香をつけた。

合わせたのは、牡蠣のクリームスープ。燻香が強く、個性際立つクルトンは、濃厚で風味の強い食材を組み合わせることで、香りのアンサンブルが楽しめる。クルトンのほのかな甘味が、相乗効果で牡蠣のうま味も増幅。風味の面でも深い役割を果たすクルトンを完成させた。

（作り方は140ページへ）

原書訳文

クルートは一般的に、ポタージュ用フルート[1]と呼ばれる細いパンを縦二つに切り、さらに4～5cmの長さにカットする。その中のパンの白い身の部分をくり抜いて、その四隅をきれいに切り整えたら、軽くバターを塗り、澄ましていないグレスドマルミット[2]に浸し、オーブンに入れて乾燥させる。

クルートは1人あたりひとつ使うようにすること。

スープ[3]では家庭で食べるような普通のパンを薄くスライスしただけのクルートが使われることもある。スライスしたパンはオーブンに入れて乾燥させることもあれば、おろしたチーズを振りかけてから焼き目を付けることもある。

クルトンはパンの白い身で作る。一辺½cm角の立方体に刻む。これを澄ましバターで、出来るだけ提供直前に揚げる。ポタージュ1ℓあたりクルトンは大さじ2杯、つまり40～45gとする。

訳注
1) 原文 flûtes（フリュット）。
2) コンソメやフォンをとる際に浮き脂を取り除くが、通常はこれを漉して精製したもの。ここでは「澄ませていない」とあるので未精製のものを使う。
3) 『料理の手引き』では soupe(スープ)はガルビュールに代表されるように、あまり洗練されていない、どちらかといえば庶民的あるいは家庭料理的なものを指す名称として用いられている。

牡蠣に合わせ、海辺の石のイメージでクルトンは2色に。竹炭の量によって、色合いを調節してある。

厚岸牡蠣とそのスープ、炭のクルトン

麦の風味を最大限に生かした
タルトレット

精白大麦のクリームポタージュ
Crème d'Orge

　素朴で家庭的な大麦のポタージュを、液体にせずにペースト状のままタルトレットにアレンジ。食感にメリハリをつけることで、レストランらしい洗練された味に変化させた。

　麦のほっこりとやさしい風味こそが、このポタージュ最大の持ち味。たとえ洗練させるとしても、麦らしい「素朴さ」はきちんと際立たせたい。

　『料理の手引き』では大麦のペーストをコンソメで伸ばす。うま味が加わることで、コクのあるおいしいスープに仕上がるが、動物性のうま味が加わるほど、麦の素朴さは失われていく。とはいえ、大麦の風味だけではインパクトに欠け、ぼやけた味になってしまう。

　そこで、中世イギリスなどの農民たちがよく食べたという、パンのビール煮からヒントを得て、ビールとオレンジピールを加え、苦味と爽やかさで味にメリハリをつけた。

　スペルト小麦を乾燥させて素揚げしたスフレをふりかければ、食感と風味が増し、よりいっそう麦の風味が豊かに感じられる。

（作り方は141ページへ）

大麦のかわりにスペルト小麦を使った。品種改良がほとんどなされていない古代穀物で、形が大麦によく似ていて、ナッツのような香ばしい香りを持つ。これを、オレンジピールを加えた白ビールと少量のコンソメ・ド・ヴォライユで30分程度煮る。

液体がほぼなくなるまで煮詰めたら、ミキサーで粒が残る程度のペーストに。食感を生かす。

ヘーゼルナッツペーストを加えたタルト生地に、クレームダマンドを絞って焼く。タルトレットには、麦ペーストのほか、オレンジクリームも絞り入れる。

原書訳文

　精白大麦375gをたっぷりの水で洗う。白いコンソメ[1] 1ℓに入れて、セロリの芯に近い軟白部分の枝1本を薄切りにして加え、火にかける。ごく弱火で3時間煮込む。

　これを鉢に入れてすりつぶす。布で漉す。提供直前にコンソメ¼ℓを足し、温めて仕上げる。

ガルニチュール……精白大麦大さじ2杯を別途茹でておき、コンソメで洗ってからポタージュ・クレームに加える。

【原注】
簡単な作り方としては、精白大麦を用いずに、標準的なポタージュ・クレームを用いるか、大麦粉を用いる。大麦粉は液体1ℓあたり75～100g用いること。オゼイユのクリームポタージュと同じ分量比率。

訳注
1) 牛の骨付きすね肉と赤身肉、香味野菜で取るコンソメ。

スペルト小麦のタルトレット、ビールとオレンジの香り

どんなに自由でも、酸味とコクの
バランスははずさない

仔牛のブランケット[1]・クラシック
Blanquette de veau à l'ancienne

　ブレゼした仔牛肉を、繊維を割いて細く成形したら、コンベクションオーブンで12時間以上乾燥。サクッと軽い食感の小枝状のクルスティアンに仕立てる。これが仔牛料理の定番、ブランケットというのだから驚きだが、下に敷かれたクリームとコンソメジュレを一緒に食べてみると、味の構成自体は違うはずなのに、印象はブランケットそのものなのである。

　その理由は、ブランケット特有のコクと爽やかな清涼感がしっかりと再現されているから。伊藤シェフは、レモン汁のかわりに、カマンベールとヨーグルトを増粘剤で固めた「モワルー」を皿に流し、ミントとオキサリスの葉を飾る。さらに、モワルーの下には仔牛をブレゼしたときの煮汁を澄ませたコンソメジュレを敷く。クリーム煮のコクとうま味を別のパーツに分解して重ねることで、単調な味にならないように工夫を凝らしてある。

　酸味とコクのバランスがブランケットと同じなので、目新しさを感じさせながらも、どこか安心感のある味わいに仕上がっている。

（作り方は142ページへ）

仔牛肉は香味野菜、白ワインと一緒に低温のオーブンで5時間煮込む。

左が煮込んだあとに割いた仔牛肉、右が乾燥後。サクサク感は、脂肪が少ない仔牛ならではの食感。成牛は肉のなかに脂分が含まれており、どんなに乾燥させてもしっとりして、歯触りのよさは得られないそうだ。

原書訳文

（仕上がり約10人分、1.5kg）
　ブランケットに用いる部位は、仔牛バラ肉、肩、肩ロース。
　肉を小さく切り分ける。白いフォン[2]を肉がすっかり浸るまで注ぎ、鍋を火にかける。ごく控え目に塩を加える。弱火のまま小まめに混ぜながら沸騰させていく。その間、丁寧にアク取りをすること。
　にんじん（小）1本、クローブを刺した玉ねぎ1個、ブーケ・ガルニ（ポワロー、パセリの枝、タイム、ローリエの葉）を加え、1時間半弱火で煮る。
　白いルー100gと仔牛の煮汁1¾ℓでヴルテを作る。生のマッシュルームの切りくず[3]1つかみを加え、15分ほど煮ながら浮いてくる不純物を丁寧に取り除いてやる[4]。
　仔牛肉の水気をきり、必要があれば形を整える。
　これを別の鍋に入れ、あらかじめブラン[5]で茹でておいた小玉ねぎ20個とマッシュルーム20個を加える。
　提供直前に、卵黄5個と生クリーム100㎖でとろみを付ける。レモン果汁少々、ナツメグの粉末を加えてソースを仕上げる。ソースを布で漉し、別鍋に入れておいた肉および他の具にかける。沸騰しない程度に温めたら深皿に盛り、パセリのみじん切りを軽く振りかける。

訳注
1）ブランケットの詳しい解説については99ページを参照。
2）詳しい解説は97ページ[トマトソース]の項を参照。
3）トゥルネ（らせん状の切り込みを入れた装飾）にしたときに出る切りくずを指す。
4）原文 dépouiller（デプイエ）≒ écumer（エキュメ）
5）水1ℓあたり大さじ1杯強の小麦粉と塩6g、レモン果汁適量を加えて沸騰させてからクローブを刺した玉ねぎ1個を加えたもの。茹でるものが空気に触れたり貼り付いたりしないように細かく刻んだケンネ脂を加え、下茹で等に用いる。

仔牛の枝、カマンベールのモワルー、ミントの香り

魚の身質に合わせ、
コクの表現法を変化させる

白ワインソース
Sauce vin blanc

　魚料理に使う白ワインソースは、従来の卵黄入りではもったりして重いと敬遠されるようになり、最近では卵黄を加えずに、バターでモンテするだけのものが主流になっている。

　だが、卵黄入りソースならではの深いコクにも、捨てがたい魅力がある。伊藤シェフが志向するのは、濃厚さを排除しつつコクがしっかり感じられる、どちらのよさも兼ね備えたハイブリットなソース。

　考えたのは2種類。ひとつはバターの一部をホワイトチョコレートに置き換えて、仕上げに溶かし込んだソース。甘味とコクをプラスしたまろやかな味で、鯛やスズキなどの白身魚によく合う。

　もうひとつは、フュメ・ド・ポワソンにほうじ茶を加えて香りを移したタイプ。こちらは鰤など、脂ののった魚用に考えたソースで、ややもすればくどくなりがちな魚のうま味を、ほうじ茶の香ばしさが引き締め、「コク」として感じてもらえるように工夫してある。

　どちらも、エスコフィエの白ワインソースの酸とコクのバランスは変えず、多皿のコースでも胃もたれしない、さっぱりとした後味に調えられている。

（作り方は139、143ページへ）

バターモンテをする要領で、仕上げにホワイトチョコレートを溶かし込む。チョコレートで十分コクが出るので、このタイプにはフュメ・ド・ポワソンは加えない。

ほうじ茶入りのソースは、フュメ・ド・ポワソンを白ワインの半量分しっかり加え、味に奥行きを持たせる。

原書訳文

　このソースには以下の3種類の作り方がある。
1. 魚料理用ヴルテ[1] 1ℓに、ソースを合わせる魚で取ったフュメ200mlと、卵黄4個を加える。⅔量まで煮詰め、バター150gを加える。この「白ワインソース」は、仕上げにオーブンに入れて照りをつける魚料理に合わせる。
2. 良質の魚のフュメ100mlを半分にまで煮詰める。卵黄5個を加え、オランデーズソースを作る際の要領で、バター500gを加えてよく乳化させる。
3. 卵黄5個を片手鍋[2]に入れて溶きほぐし、軽く温めてやる。バター500gを加えて乳化させていく途中で、上等な魚のフュメ100mlを少しずつ加えていく[3]。

訳注
1) 魚料理用ヴルテは、フュメ・ド・ポワソンにルー（澄ましバターで小麦粉を炒めたもので、ソースにとろみを付ける目的で使われる）を溶かし込んだもの。
2) 原文 casserole（カスロール）。
3) いずれの作り方にも白ワインが出てこないのは、それぞれに使われているフュメ・ド・ポワソンにおいて、すでに白ワインを用いているから。

尾長鯛のロースト、ソース・ショコライヴォワール

鰆と牛蒡のキャラメリゼ、ほうじ茶のソース

理解をさらに深める 原書注解集

本書で紹介した『料理の手引き』の料理をより深く知るために、料理名の由来や、食材についての考察など、カラーページでは
紹介しきれなかった詳しい注解と、各料理で使用されたフォンなどの訳文をまとめた。ページ数は、料理解説ページに対応している。

8ページ
［アーティチョーク・ギリシア風］より

タルタルソースの語源

　タルタル（タタール）＝フランス人から見て東方の蛮族、というイメージで語られがちだが、カレーム『19世紀フランス料理』にあるSauce Rémoulade à la Mogol（Mongoleの誤植と思われる）「モンゴル風ソース・レムラード」およびSauce à la Tartare「タルタル風ソース」のレシピを見るかぎり、誤解という可能性も感じられる。

　前者は固茹で卵の卵黄に塩、こしょう、ナツメグ、カイエンヌ、砂糖、油、エストラゴンヴィネガーを合わせてピュレ状にして布で漉し、サフランを煎じた汁で美しい黄色に染め、刻んだシブレットを加えて仕上げるというもの。後者はソース・アルマンドとマスタード同量に生の卵黄2個を加え、塩、こしょう、ナツメグで調味してエクス産の油レードル2杯分とレードル12杯のエストラゴンヴィネガーを少しずつ加えながら混ぜていく。みじん切りにして下茹でしたエシャロット少々とにんにく少々、エストラゴンとセルフィユのみじん切りを大さじ1杯加える。少なくともこれらのレシピにおいて、タルタルすなわち野蛮、というニュアンスを見出すことは出来ないだろう。なお、Steak tartare タルタルステーキのレシピは『料理の手引き』には掲載されておらず、1938年の『ラルース・ガストロノミック』初版が初出と思われる。

10ページ
［トマトソース］より

白いフォン
原書訳文
（仕上がり10ℓ分）
主素材……仔牛のすね、および端肉10kg、鶏の手羽やとさか、足や鶏がら4羽分
香味素材……にんじん800g、玉ねぎ400g、ポワロー300g、セロリ100g、ブーケガルニ（パセリの枝100g、タイム1枝、ローリエの葉1枚、クローブ4本）。
使用する液体と味付け……水12ℓ、塩60g。
作業手順……肉は骨を外し、紐で縛る。骨は細かく砕く。鍋に肉と骨を入れ、水を注ぎ、塩を加える。火にかけ、浮いてくるアクを取り除き香味素材を加える。
加熱時間……弱火で3時間。

【原注】

　このフォンは火加減を抑えて、出来るだけ澄んだ仕上がりにすること。アクや浮き脂は丁寧に取り除くこと。茶色いフォンの場合と同様に、始めに細かく砕いた骨だけを煮てから指定量の水を注ぎ、弱火で5時間煮る方法もある。

　この骨を煮た汁で肉を煮るわけだ。その作業内容は茶色いフォンの場合と同様。この方法は、骨からゼラチン質を完全に抽出出来るという利点がある。当然のことだが、煮ている間に蒸発して失われてしまった分は湯を足してやり、全体量を12ℓにしてから肉を煮ること。

＊原注内に登場する「茶色いフォン」については、右記［カルボナード・フランドル風］を参照。

12ページ
［オマール・ア・ラ・フランセーズ］より

カイエンヌについて

　赤唐辛子の一般名として使われるが、本来、Piment de Cayenneという品種であり、辛さは日本で一般的なタカノツメと比べると、辛さを示す度数であるスコビル値もタカノツメが4万～5万であるのに対して、3万～5万とやや低め。なにより風味が決定的に異なるが、辛いためにごく少量しか用いることが出来ず、品種としての風味のよさを評価される機会はとても少ない。

　近年では辛みがあまり感じられず風味のよいPiment d'Espelette（ピモンデスプレットまたはピモンデスペレット）や、多少辛みはあるがおなじく風味のよいPiment de Piquillo（ピモンドピキヨまたはピモンドピキリョ）などが好んで使われている。前者は乾燥粉末として、後者は生あるいはピクルス等に用いられることが多い。

　伝統的にフランス料理では唐辛子の系統の辛み（カプサイシン）が強いのを嫌う傾向にあり、あくまでも料理の風味を引き締める目的で使われると考えるといい。

14ページ
［仔牛のブランケット・クラシック］より

デプイエ（dépouiller）

　デプイエはエキュメに近い。ソースなどの仕上げの際に時間をかけて丁寧に不純物を取り除くこと。さらに布で漉して陶製の容器などに入れてゆっくり混ぜながら冷ます（vanner ヴァネ）までの一連の作業もこの語で表現されることがしばしばだった。現代日本の調理場ではほとんど用いられない用語。

仕上げのとろみのつけかたについて

　「提供直前に、卵黄5個と生クリーム100㎖を加えてとろみを付ける」とき、卵黄を生クリームでしっかり溶いておき、鍋全体をよく混ぜながらであれば、煮汁が沸騰した状態で加えてもなめらかなとろみが付けられる。

　20世紀中葉を代表する料理人のひとり、レモン・オリヴェ（Raymond Oliver, 1909-1990）がテレビ放送の黎明期1954年～1967年にかけて出演した「料理の魔法のテクニック」Arts et magie de la cuisineにおいて、鶏のフリカセの回でこの方法を実際に画面に示した。このとき、煮汁は完全な沸騰状態だった。

24ページ
［アシ・パルマンティエ］より

料理名の由来

　アントワーヌ・オギュスタン・パルマンティエ（1737～1813）。18世紀まであまりフランスでは省みられることのなかったじゃがいもの普及に尽力

し、大きな功績をあげたことで知られる農学者。このため、じゃがいもを使用した料理にパルマンティエの名が冠せられたものがいくつもある。

　ちなみに、じゃがいもが普及するにつれて、中世以来、でんぷん質野菜として好まれていたパースニップ（フランス語 panais パネ）の生産量が19世紀に著しく低下することになる。これは、パースニップの方が単位面積あたりの収量が低く、栽培期間も長期にわたるという事情も関係したのだろう。『料理の手引き』においては香味野菜としての位置付けが主となっている。

じゃがいものオランド種について

　オランダ起源と思われる。かつてはグラタン等に好んで用いられたが、古い品種のため現代では営利栽培されることも少ない。2007年版『ラルース・ガストロノミック』では、じゃがいもの主要品種としてリストアップされていないが、フィリップ・ヴィルモラン『じゃがいもの品種一覧』第3版（1902年）によると、現代日本のメークインと非常に近い品種として分類されている。

　じゃがいもは基本的に種子ではなく種芋から栽培するため、長い年月を経て日本の気候風土になじみ調理特性や味に若干の変化があるが、日本で入手可能なじゃがいも品種のなかではメークインがオランド種にもっとも近いと考えていいだろう。なお、日本では植物検疫により生のじゃがいもの輸入が禁じられているため、この品種に限らず、ヨーロッパ産のじゃがいもは冷凍あるいは加熱製品しか国内では利用できない。

28ページ
［カルボナード・フランドル風］より

茶色いフォン
原書訳文
（仕上がり10ℓ分）
主素材……牛すね6kg、仔牛のすね6kgまたは仔牛の端肉で脂身を含まないもの6kg、骨付きハムのすねの部分1本（前もって下茹でしておくこと）、塩漬けしていない豚皮を下茹でしたもの650g。
香味素材……にんじん650g、玉ねぎ650g、ブーケガルニ（パセリの枝100g、タイム10g、ローリエ5g、にんにく1片）。
作業手順……肉を骨から外す。骨は細かく砕き、オーブンに入れて軽く焼き色を付ける。野菜は焼き色が付くまで炒める。これらを鍋に入れて14ℓの水を注ぎ、ゆっくりと、最低12時間煮込む。水位が下がらぬように、適宜沸騰した湯を足すこと。

　大きめのさいの目に切った牛すね肉を別鍋で焼き色が付くまで炒める。先に煮込んでいたフォンを少量加えて煮詰める。この作業を2～3回行ない、フォンの残りを注ぐ。鍋を沸騰させて、浮いてくる泡を取り除く。浮き脂も丁寧に取り除く。蓋をして弱火で完全に火が通るまで煮込んだら、布で漉してストックしておく。

【原注】

　フォンの材料に牛の骨などが含まれている場合には、事前にその骨だけで12～15時間かけてとろ火でフォンをとるといい。

フォンの材料を鍋に焦げ付くくらいまで強く焼き色を付けるのはよろしくない。経験からいって、丁度いい色合いのフォンに仕上げるには、肉に含まれているオスマゾームの働きだけで充分。

＊オスマゾームとは、19世紀頃、赤身肉の美味しさの本質であると考えられていた想像上の物質。赤褐色をした窒素化合物の一種で水に溶ける性質があるとされた。なお、当時のヨーロッパではグルタミン酸はもとよりイノシン酸が「うま味」の要素であるという概念すらなく、corsé（コクがある）とか onctueux、succulent（肉汁たっぷり）などの表現で肉料理やソースの美味しさが表現された。

34ページ
［ゴディヴォ、仔牛肉とケンネ脂のファルス］より

ゴディヴォの種類

『料理の手引き』では、34ページで紹介した氷を入れて作るゴディヴォのほか、Bとして生クリーム入りのゴディヴォ、Cとしてリヨン風ゴディヴォ（訳文は99ページ［ブロシェのクネル・リヨン風］の項を参照）が紹介されている。生クリーム入りのゴディヴォの訳文は以下の通り。

生クリーム入りのゴディヴォ

原書訳文

材料……筋をきれいに取り除いた極上の白さの仔牛腿肉1kg、水気を含んでいない牛ケンネ脂1kg、全卵4個、卵黄3個、生クリーム700mℓ、塩25g、白こしょう5g、ナツメグ1g。

作業手順……仔牛肉とケンネ脂は別々に、細かく刻む。これらを鉢に入れて合わせ、調味料、全卵、卵黄をひとつずつ加えながら、力強く全体をすりつぶし、完全に一体化させる。

裏漉しして、天板に広げる。氷の上にのせて翌日まで休ませる。

翌日になったら、あらかじめ中に氷を入れて冷やしておいた鉢で再度すりつぶす。この際に生クリームを少量ずつ加えていく。

クネルを整形する前にテストをして、必要があれば固さなどを修正してやること。

ガルニチュール・フィナンシエール

仔牛と鶏のクネル、マッシュルームのトゥルネ、鶏のとさかとロニョン（白子）、トリュフ、オリーブを、ソース・フィナンシール（トリュフの風味をつけたソース・マデール）であえたもの。

38ページ
［フォワグラのブリオシュ包み（ストラスブール風）］より

フォワグラの温製料理

原書訳文

フォワグラを丸ごとで温製料理として提供する場合には、丁寧に掃除をして筋取りをし、拍子木に切ったトリュフを刺す。このトリュフはあらかじめ皮を剥いて櫛切りにし、塩こしょうしてからローリエの葉を加えてグラス1杯のコニャックで表面を焦がさないよう焼き固めておく。陶製の容器に入れてきっちり密閉させて冷ましておくこと。

こうして準備したトリュフをフォワグラに刺したら、ごく薄い豚背脂のシートまたは豚の網脂で包んで、陶製の容器に入れてしっかり蓋をして加熱するまで数時間置くこと。

フォワグラを丸ごと温製料理として供するのにいちばんいいのは、生地で包んで焼くことだ。そうすれば生地が余分な脂が溶け出してくるのを吸い取ってくれる。具体的には次のように調理する……

フォワグラよりひと回り大きなサイズの楕円型に伸ばしたパテ用生地を2枚用意する。

生地の1枚の上に、豚背脂のシートで包んだフォワグラをのせる。可能なら周囲に皮を剥いた中くらいのサイズのトリュフを配する。ローリエの葉½枚をフォワグラの上にのせる。生地の縁を水で湿らせる。もう1枚の生地をかぶせ、しっかりつなぎ合わせて2枚の生地のたるみを規則的に折っていく。

溶き卵を塗り、ナイフなどで筋模様を付ける。中央に、加熱中に発生する蒸気を抜くための穴を空ける。750〜800gのフォワグラの場合、適温のオーブンで40〜45分間焼く。

そのまま供する。フォワグラにふさわしいガルニチュールを別添で供する。

給仕……ホールでメートルドテルがフォワグラを覆っている焼けた生地の下の縁をぐるりと切り離し、上を覆っている焼けた生地も取り去る。

スプーンを用いてフォワグラを切り分けて取り皿に盛り、メニューに記したガルニチュールを添えて供する。

【原注】

フォワグラを温製で供する場合にテリーヌ型で火を通すことには賛成しかねる。上記の方法こそ、どんな場合でも、どんなガルニチュールを添えるにしても、ずっと好ましいものだと考えている。

温製のフォワグラにガルニチュールとしてヌイユやラザーニャ、マカロニ、米をぜひとも添えるといい。これらのパスタ類は標準的なものと同様に白いものをクリームであえて仕上げること。フォワグラの味がいっそう引き立ち、しかも消化を助けてくれる。

上記のパスタ類を別にすれば、温製のフォワグラにもっともいいガルニチュールはトリュフを丸ごとあるいはスライスして添えるか、フィナンシエールだ。茶色いソースとしては、ソース・マデールがよく合う。ただしマデラ酒はごく上質で酒精強化し過ぎていないものを用いること。

軽く仕上げた仔牛か鶏のグラスにバターを加え、シェリーの古酒もしくはポルトの古酒を少々加えたソースもまたよく合う。パプリカ風味のハンガリー風ソースや、最上の仕上がりのソース・シュプレームもガルニチュールと合うのなら、フォワグラのソースとしていいだろう。

一般的に、温製料理としては鷲鳥のフォワグラが好まれ、鴨のフォワグラは保存用や冷製に用いられる。

＊フィナンシエールについては、左記［ゴディヴォ、仔牛肉とケンネ脂のファルス］の項を参照。
＊ソース・シュプレームは、鶏のヴルテに生クリームとバターを加えてなめらかに仕上げたソース。
＊パプリカ風味のハンガリー風ソースは、ヴルテに、バターで炒めた玉ねぎとパプリカ粉末を加えて色づけた淡いピンク色のソース。

42ページ
［サーモンのコトレット・ポジャルスキ］より

料理名の由来

19世紀初頭にパリにあった宿屋兼食堂の名。ロシア皇帝ニコライ1世がフランス訪問時におしのびで気まぐれにこの店に立ち寄り、仔牛肉をミンチにして再度コトレットの形状にした仔牛のコトレット・ポジャルスキを皇帝に出したところ大いに気に入られ、名物料理となったと言われている。

きゅうりの品種について

原文 concombre（コンコンブル）。日本では中国経由で導入された華南系（もっとも一般的な地這系であまりイボが尖っていないタイプ）、華北系（イボの尖った四葉（スーヨー）が代表的）の2系統が代表的だが、ヨーロッパではまた別の系統がいくつかあり、通常は直径4〜5cm程度、品種によ

るが長さ30〜50cm程度にまで大きくしてから収穫し、種子の部分を取り除いて加熱調理することが多い。もちろん輪切りにして生野菜として食べることも多い。

オマール・ニューバーグ

ニューヨークのレストラン「デルモニコズ」で19世紀後期に人気を博した料理で、現在も同店のスペシャリテである。ニューバーグは米国ニューヨーク州の小都市。

『料理の手引き』では、活けオマールを使ったレシピと加熱したオマールを使ったレシピの2種が紹介されている。活けオマールを使ったレシピでは、オマールをソテーした鍋をコニャックとマルサラ酒でデグラセし、生クリームとフュメ・ド・ポワソンを煮詰め、オマールのみそとバターを溶かし込んでソースを完成させ、オマールの身にかける。

加熱したオマールを使ったレシピでは、クールブイヨンで加熱したオマールをエスカロップ（約1cm厚程度）に切り分け、バターでソテーし、ひたひたのマデラ酒を加えて煮詰める。提供直前に生クリームと卵黄を加えてとろみをつける。

44ページ
［モスコヴィット・アラクレーム］より

果物のモスコヴィット

原書訳文

果物のモスコヴィットのアパレイユ……果物のピュレ500mℓをボーメ30度のシロップでのばす。レモン果汁3個分を加える。30gの粉ゼラチンを溶かして布で漉し入れる。泡立てた生クリーム500mℓを加える。

果物のモスコヴィットのアパレイユにはピュレに用いたのと同じ果物を加えてもいい。苺、フランボワーズ、グロゼイユなどの場合は生のまま加える。洋梨、桃、アプリコットなど繊維質の果肉のものはシロップで沸騰させないよう加熱してから加えること。

52ページ
［舌平目のグリル焼き、牡蠣添え・アメリカ風］より

ダービーソース

原文 Derby-sauce。1940年代にアメリカで市販されていたのは確認されているが、ここで言及されているのとまったく同じかは不明。なお、初版および第二版でこの部分は「ハーヴェイソースとウスターシャーソース各大さじ1杯」、第三版では「ハーヴェイソースとエスコフィエソース各大さじ1」となっている。

ハーヴェイソースは、19世紀〜20世紀前半にかけて流通していた既製品で、アンチョビ、ヴィネガー、マッシュルームケチャップ、にんにく、大豆由来原料（詳細不明、おそらく大豆油かと思われる）、カイエンヌ、コチニール色素などであったという。

エスコフィエソースは、1980年代ごろまでアメリカ合衆国で市販されていたエスコフィエブランドのソースのひとつ。

56ページ
［肥鶏・タレーラン］より

料理名の由来

シャルル＝モーリス・ド・タレーラン＝ペリゴールは、ナポレオン帝政〜7月革命後まで活躍したフランスの政治家で、美食家としても知られる。

『料理の手引き』においては、タレーランの名を冠するレシピのほとんどにマカロニが用いられてい

るが、これ以前の主要な料理書においては、タレーランとマカロニを結びつける記述は見つかっていない。

タレーランは、正式にはタレーラン・ペリゴールが家名であるから、ペリゴールの名産であるトリュフと結び付けるほうが自然で、ほかの料理書に掲載されているレシピの多くはトリュフが使われている。

『料理の手引き』初版および第二版には、鶏のタンバル・タレーランが図版付きで収録されており、これは、ドーム状の型にマカロニの端をファルスを糊にしてつなぐようにしながら型の周囲に敷き詰め、ファルスで塗り固めてから、ガルニチュール・タレーランを詰める。おそらくはこの第三版以降消えてしまった「タンバル」仕立てとともにガルニチュール・タレーランが考案され、他の料理にも影響していると考えられる。

ちなみに、オードブルの章にある「タンバル・タレーラン（小）」は、初版から現行版にいたるまで一貫してマカロニが使われておらず、トリュフのピュレが主素材になっている。

マカロニの定義

『料理の手引き』によれば、マカロニとは円柱あるいは円筒状のパスタ全般を意味し、スパゲッティのような細いものからカンネローニのように太いものまで含まれる。ここではどの程度の太さのものを使うか指示はないが、必ずしも円筒形に穴が空いたものである必然性もあまり考えられず、また、当時は円筒形のものもブカティーニのように長いまま流通することが多かったようで、マカロニを用いるレシピのほとんどで、茹でてから短く切り揃える、という指示が頻繁に見られる。

58ページ
[ペッシュ・アンペラトリス]より

料理名の由来

pêche(s)（ペッシュ）は桃。impératrice（アンペラトリス）は皇后の、の意。

フランスが「帝国」を名乗ったのはナポレオンによる第一帝政（1804〜1814）およびナポレオン・ボナパルトの甥ナポレオン3世ルイ・ナポレオンによる第二帝政（1852〜1870）の期間だけであり、皇后 impératrice はナポレオン1世の后ジョゼフィーヌおよびマリ＝ルイーズ、ナポレオン3世の妻ユジェニーの3人のみ。料理名としては、à la reine（アラレーヌ）王妃風、と同様に「豪華な」程度の意味しか持たないが、その料理が創案された時代の反映として見ることは出来るだろう。

なお、桃 pêche には同音同綴で「釣り」の意があり、よく似た綴りで péché（ペシェ）、宗教的な意味での「罪」の意がある。「ペシェアンペラトリス」と読みまちがえないよう注意。「皇后の背教的罪」という意味になってしまうので、洒落の通じる相手にしか許されないことを覚えておきたい。

製菓用ライス
原書訳文

材料……カロライナ米500g、砂糖300g、塩1つまみ、牛乳2ℓ、卵黄12個、バニラ1本、レモンかオレンジの外皮を削ったもの適量、バター100g。
作業手順……米を洗う。下茹でして湯切りをし、さらにぬるま湯で洗う。再度水気を切り、沸かした牛乳で煮込む。牛乳にはあらかじめバニラの香りを煮出しておき、砂糖、塩、バターを加えておくこと。

沸騰し始めたら鍋に蓋をし、弱火のオーブンに入れて25〜30分加熱する。この間、液体の対流で米が鍋底に絶対に触れないように注意すること。そうでないと、鍋底に米が貼り付いてしまう。

オーブンから出したら、卵黄を加え、泡立て器で丁寧に混ぜる。米粒が完全に形を保っているよう、混ぜる際に米粒を崩さないこと。

＊カロライナ米は、短粒種の品種。
＊オレンジの外皮については、どのタイミングで使うかは明示されていないが、バニラとともに煮出すが、最後に散らすのが妥当だろう。

60ページ
[仔鳩のタンバル・ラファイエット]より

料理名の由来

ラファイエット侯爵（1757〜1834）。アメリカ独立戦争とフランス革命の両方で活躍し、フランス人権宣言を起草したことで知られる。「両大陸の英雄」とも称される。原注にあるように、エスコフィエは、フランスとアメリカ合衆国との親善の意味を込めてこの名を冠したのだろう。

ボルドー風ミルポワ

『料理の手引き』では、「エクルヴィスやオマールの料理の風味付けにいい」と記述があり、作り方は以下のとおり。

「にんじん125gと玉ねぎ125g、パセリ1枝を出来るだけ細かいさいの目に刻む。これにタイム1つまみと粉末にしたローリエの葉1つまみを加える。

材料はバター50gとともに片手鍋に入れ、完全に火が通るまで蓋をして弱火で蒸し煮する。

小さな陶製の器に広げ、フォークの背を使って器に押し込む。バターを塗った白い円形の紙で蓋をして、使用するまで保存する。」

なお、原文では「出来るだけ細かいさいの目」は、brunoise excessivement fine、直訳すると「過度なまでに細かいブリュノワーズ」と書かれている。

66ページ
[オマール・テルミドール]より

料理名の由来

フランス革命期に使用されたいわゆる革命暦における「熱月」。現在の暦ではおおむね7月19または20日から8月17または18日にかけての文字通り暑い月。フランス革命が市民革命としての性格を失なう決定打となったテルミドールのクーデタ（1794年7月27日）が有名だが、この料理名は、1891年初演のヴィクトリヤン・サルドゥ作の演劇『テルミドール』にあやかって命名されたもの。この料理そのものと革命暦あるいはテルミドールのクーデタは直接関係あるわけではない。が、この料理はその後、有名なカフェ・ド・パリのメニューに採用されるなど人気を博し、19世紀末料理の「古典」となった。

70ページ
[ブロシェのクネル・リヨン風]より

リヨン風ゴディヴォ／ケンネ脂入りブロシェのファルス
原書訳文

材料……皮とアラをきれいに取り除いたブロシェの身（正味重量）500g、筋を取り除き細かく刻んだ水気を含んでいない牛ケンネ脂500g（またはケンネ脂と白い牛骨髄半量ずつ）、パナードC 500g、卵白4個分、塩15g、こしょう4g、ナツメグ1g。
作業手順……まず鉢でブロシェの身をすりつぶす。これを取り出して、次にケンネ脂にパナード（よく冷やしたもの）を加えてすりつぶし、卵白を少しずつ加えていく。ブロシェの身と調味料を入れて戻す。すりこ木で力強く練り、裏漉しする。陶製の器に移し、ヘラで滑らかになるまで練る。使うまで、氷の上に置いておく。

次のように作ってもいい。ブロシェの身を調味料とともにすりつぶし、そこにパナードを加える。裏

漉しして、鉢に戻す。すりこ木で力強く練ってまとまるようになったらケンネ脂を少しずつ加えるか、溶かしたケンネ脂と牛骨髄を加えて、よくまとめる。陶製の器に移し、氷の上に置いておく。

＊パナードCは原書では鶏のファルス、魚のファルス用のパナードとして紹介されているもので、作業手順は「片手鍋に小麦粉と卵黄を入れてよく練る。溶かしバター、塩、こしょう、ナツメグを加える。沸かした牛乳で少しずつ溶きのばしていく。（中略）火にかけて5〜6分間、泡立て器で混ぜながら煮る。ちょうどいい濃さになったら、バットに移して冷ます」と記載がある。

ソース・ナンチュア
原書訳文

ベシャメルソース1ℓに生クリーム200mℓを加え、⅔量まで煮詰める。布で漉し、生クリームをさらに150mℓ加えて、通常の濃度に戻す。良質なエクルヴィスバター125gと、小さめのエクルヴィスの尾の身20尾分を加えて仕上げる。

92ページ
[仔牛のブランケット・クラシック]より

料理名の由来、ブランケットとフリカセの区別

『料理の手引き』では、先にソースを作ってからその中で材料を煮込むのをフリカセ、材料を茹でて、その茹で汁でソースを作って具材にかけるのをブランケットと定義している。

なお、blanquette（ブランケット）の語源は「白い」を意味する blanc だが、17世紀にはある種の白ワインを意味したり、洋梨の品種名として用いられていた。

仔牛のブランケットという料理名そのものは、おそらくヴァンサン・ラシャペルの『近代料理』初版（1835年）が初出。これに対して fricasser（フリカセ）という語の歴史は古く、中世から17世紀ごろまでは「油脂を熱した鍋で肉をこんがり焼く」という意味で用いられていた。

これが大きく変わるきっかけとなったのがラ・ヴァレーヌ『フランス料理の本』の鶏のフリカセ。もちろんこの本でもフリカセの話は「こんがり焼く」の意味だが、切り分けた鶏をこんがり焼いたのちにブイヨンを注いで煮込み、最後に卵黄でとろみを付けるという中世以来のポタージュの作り方に近いものを、ポタージュとは呼ばずにフリカセと表記したことから、意味が変化しはじめ、現代の「白い煮込み」の意味に至ったと考えられている。

原書訳文・注解：五島　学

『料理の手引き』新訳・全注解に挑む

「フランス料理に携わる者の基礎教養」ともいわれ、必読であるはずの『料理の手引き』だが、100年以上前に書かれただけに、いまとは表現方法や調理場の環境が異なっており、内容にも当時の世相が色濃く反映されているため、訳文だけ読んでも内容をすみずみまで理解するのは難しい。

そこで、フランス文学翻訳家・五島 学さんのもとに料理人たちが結集し、現代人が読みやすい日本語訳と「徹底的な解説」を付けた新訳・全注解を進めている。

彼らが目指すのは、「料理を知らない人もすんなり理解でき、第一線のプロも活用できる」内容だ。完成すれば、読むハードルが一気に下がり、初心者でもフランス料理の技術と食文化を体系的に学べるようになるに違いない。

ここで紹介する五島さん（僕）と、とある料理人（彼）のやり取りから、プロジェクトの全容が明らかになるはずだ。

よみがえるエスコフィエ『料理の手引き』

彼 ── 先生、木を押して時間を無駄にするようなことしてるって聞いて様子見に来たんですが……

僕 ── 18世紀哲学者ディドロの傑作『ラモーの甥』の冒頭だね。それは「女の尻を追いかける」という意味の比喩だから僕には当てはまらないですよ。もうそんな歳じゃないですから。また気の利いた皮肉を言おうとして外してる(笑)。 で、「エスコフィエ『料理の手引き』全注解」のことですか？ あれはそもそも、僕にとっての心理療法みたいなものでね……のんびりやって、出来上がったらネットにPDFでも置いとこうと思ってたんだ。ところがちょっと事情が変わって、世間のニーズなどという、あるんだかないんだかよくわからんものを意識せざるを得なくなったんだよ。

彼 ── 見本で公開されたPDF [1] は拝見しましたが、大量の注釈ですよね。だから「木を押して」みたいに言ったつもりで外しちゃいましたが、私のようなせっかちな人間には注がすぐ下にあると分かりやすいから助かりますよ。客観的には言えませんけど、私には少なくとも需要あります。それにしても、「訳文なんてオマケなんです、○○な連中

には……」って言いたくなる分量のページさえありますね？

僕 ── いま『料理の手引き』をどんなにいい日本語で訳したとしても、内容を説明抜きで理解できる日本人ってどのくらいいると思う？ どうしたって詳しい注が必要になってくるよね。なら徹底的に詳しく、料理フランス語の初歩から教養までやっちゃおうか、と。

彼 ── 徹底的に分かるエスコフィエですか。「フランス料理は風前の灯」なんて言われてますが、ワインも波こそあれ廃れはしていない。ヨーロッパのガストロノミーに技術を提供してきた実績はダテじゃないですから、滅びはしないと思うんですよ。そうなるとやっぱりエスコフィエという存在は無視できない。私もそうだけど、有名なのに理解するのがえらく大変で、プロの料理人になって20年以上経つけどまだ分からない、そういう意味でコンプレックスみたいなのはありますよ。分かっている人への憧れ、MOFのシェフたちとか。そこから分かることそのものへの憧れにつながります。

僕 ── でもずっと若い世代だとエスコフィエの名前すら知らないんじゃないですか？

彼 ── そりゃそうですよ。一見したところ時代は「フ

ランス料理」じゃないですから。いまのところは寂しいものです。ところが、流行りの北欧も南米の連中もフランスで勉強して帰ってきてああいうのをやってるんです。結局のところフランス料理が根っこみたいな存在として彼らの中にある。そのアンチテーゼとしての表れだったりするんですよ。

僕 ── 「知っているがゆえの否定」ですね。知らないものを否定はできない。そもそも知らないんだから肯定も否定もしようがないのが理屈ですしね。でも、日本の料理界ではよく、「知らないものの否定」ぽいことをやろうとしてるのを見かけますが……ま、知っていて否定したりアレンジするのと、同じようでも知らずにやるのとでは、見るひとが見れば一瞬でわかりますからね。

豊富すぎる注釈？

彼 ── 耳に痛い話です。で、本当にこんなに大量の注、私は嬉しいけど、実際のところ大丈夫なんですか？ ソース・ポワヴラードなんて16世紀まで遡ってますね？ 私だって結構詳しいほうだと思うけど、『フランス語版プラチナ』は題名しか知りませんよ。あれは読めない。というか、書名さえ知らない料理人のほうが多いんじゃ？

僕 ── そうでしょうね。でも、いま日本語で比較的容易に入手できる本で、そういうところまで歴史を掘り下げたものがないんですよ。つまり、ポワヴラードの起源を知ろうとしたらフランス語で調べるしか方法がない。大抵の料理人さんって、こう言っては悪いけどあんまりフランス語得意じゃないでしょ？ そういうひとたちにアクセスできない知識、ってことになっちゃう。もったいないじゃないですか、あれだけポピュラーなソースなのに、お客さんから起源を訊かれてもはっきり答えられないとしたら。

彼 ── 日本語で調べられないというのはもったいないですね。ところで、この本にはマカロンのルセットなんか出ていないのに、フランジパーヌからマカロンへ、ボッカッチョからラブレーへ、とか、

ポルトガル風ソースから「ぽるとがるぶみ」へ飛躍する注なんか圧巻です。

僕 ── それ、僕が「ムダ知識」と呼んでいる部分ですね。

彼 ── 無駄だなんてとんでもない。料理人は教養ってのがあんまりないから、こういう注はじつにありがたいんですよ。時代背景とか文化とか。ただ、こんなに書いちゃって先生が大丈夫かって心配なんですよ。

僕 ── ソース・グリビッシュでプルーストの引用をしたのはさすがにヒヤヒヤしましたけど、もう僕は大学の仕事を辞めて10年以上経っているから大丈夫でしょう。

彼 ── そういうことじゃなくて、知識を貯め込みすぎるとバカになるって言うじゃないですか？

僕 ── 今度はシェイクスピアの『リア王』の道化ですか……？ 表現をわずかにズラすことで真理を強調する警句的な台詞って。まったく料理人らしからぬ料理人さんですね……宣伝のための寄稿なのに、こういう料理人さんとの対話でよかったんですかね……？

彼 ── 大丈夫ですよ。ウンベルト・エコの小説『薔薇の名前』のウィリアムとアドソみたいなもんですから（笑）。

僕 ── そうかなぁ、書いている僕からすると、『ラモーの甥』か、せいぜいブリヤサヴァラン『美味礼賛』（味覚の生理学）冒頭の対話篇みたいに感じるんだけど……

彼 ── メタ発言はやめましょうよ。いま（2018年7月現在）フェイスブックでクリスティヤン・ルスケールのページに貼られている画像、スパゲティのタンバル、あれ『料理の手引き』を読んでいると、ああなるほど、ってすごくよくわかる。もちろん細部はいろいろ工夫を凝らしているみたいですけど、まずタンバルってのは本来は円いものなのにあえて長方形にしていること。それから、普通のマカロニでタンバルに仕立てるのは珍しくないけど、エスコフィエの時代にはスパゲッティもマカロニの一部として扱われていたから、スパゲティを使うところで「やはりタダ者ではないな」と。

僕 ── それは僕も見ましたよ。結びの言葉が「贅沢、それはシンプルさだ」って書いてある。エスコフィエの「シンプルであることが美しさを排除するものではない」という名言を発展的にもじっているんでしょうね。

開かれた『料理の手引き』

彼 ── 話を先生のお仕事に戻すと、ごく基礎的な料理用語からルセットや料理名の由来、技術的問題から食材の知識、関連する文化や時代背景にも及ぶ本文以上の分量の注釈。こりゃもう翻訳じゃなくて注釈の形を借りた事典みたいなものですね。「初心者から第一線のプロまで」が嘘じゃなくなる。
　ところで『料理の手引き』のルセットってひとつひとつは短かくて単純じゃないですか？ ところがそれを真剣に理解しようとすると、あのページ、このページと芋蔓式に読んでいかないと。それに「概説」部分とか原注になると、とても私のフランス語じゃ歯がたたない。

僕 ── そう、そこがポイントのひとつなんですよ。『料理の手引き』という本は徹底した内部参照で構成されている。ある意味では無駄をかなり削ぎ落して、料理をいってみればばらばらのパーツ……素材だけじゃなく、ソースとかアパレイユとかそういったレベルで分解して、それを組み合わせることで料理の種類を増やしている。レシピ数5千といわれてるけど、料理数が5千あるわけじゃない。せいぜい4千5百ぐらいでしょうけど、それでも相当な数ですよね？

彼 ── でも先生、そうやって本の中で迷子になっていると、結局は何度も事典で調べたり、先生に訊きにきたりしますよね。迷路のなかで、突然ゴールじゃないのに外に放り出されるみたいな感じですよ。内は外で外は内、って。

僕 ── はぁ……今度はシェイクスピアの『マクベス』ですか？ それとも『不思議の国のアリス』かな？ それはともかく、内部参照を基本として自己完結するはずのテクストが本質的に外部への開かれを持っている。いわば矛盾があるんですよね。で

もそれは、序文でちゃんと書かれている。時代の変化に合わせて古くなったものは削除し、新しいものを取り入れていく、と。外部への開かれを宣言しているようなものですよね。でもエスコフィエの「体系」そのものは内側で完成するかのような見かけだし、実際にそういう構造になっている。

新しい「開かれ」

彼 ── なんだか小難しい話になってしまってますね。ところで、今回のプロジェクトは先生ひとりでやっているわけじゃなくて、誰でも希望すれば下訳とか校正とかで作業に参加できて、ディスカッションもしているとか。

僕 ── そう、それこそがこのプロジェクトの特徴。料理人さんって何か一家言あるひとが多いじゃないですか。言いたいことがあるなら言ってね、仕上がる前にディスカッションしましょうね、という、これも外部への開かれのひとつなんです。

彼 ── しかも PDF や EPUB のようなデジタル版も視野に入れているんですよね。

僕 ── デジタル版だとネットにつながっていれば、外部リンクも使えるわけです。もちろんそれは殆どがフランス語の本へのリンクですけどね。それに何より、スマホやタブレットなら紙の本より手軽に持ち歩ける。一気に身近になると期待してくれる若い料理人さんもいますよ。もちろん、使いこなせたら中世から20世紀初頭までのフランスの主な料理書にはひととおり目を通すことになるでしょうね。

彼 ── 文字どおり外部への開かれ、と。

僕 ── そうです。いろんな意味で、いろんな方向に開かれた注釈書が今回の理想ですから。一応、2019年6月の完成を目指しているから、いまこれを読んでる方もまだ間に合うかも知れない。翻訳の注釈書で読者参加可能型の制作をするというのは非常に珍しい試みだから。
　もし間にあうようなら是非とも参加していただきたいですね。もちろん名前がのるかわからないし、おカネになるかもわからない。でもそれは本

業でなんとかしてもらうということで(笑)。

彼 ── そんなやりかただと船頭多くして舟山に登りませんか？

僕 ── 『料理の手引き』が構築された体系の書物であるからには、誰かがトップダウンで方針や結論を出して、文章全体の責任を持たなきゃいけません。今回は僕がそれをやります。多分8割方は僕の訳と注になりますし、最終的にほとんどの部分に僕が手を入れることになるでしょう。そのくらいの覚悟がないとこんな前代未聞の試みは出来ませんよ。

彼 ── ぜひ私も参加させていただきたいですね。どうすればいいんですか？

僕 ── フェイスブックの「エスコフィエ『料理の手引き』全注解[2]」というグループに参加してください。それから、フェイスブックのグループページで説明していますが、ビットバケット[3]というサービスを使って、修正点の提案とか下訳、索引の印をつけたり、校正、それと注釈についてのディスカッションに積極的に参加して欲しいですね。それぞれが実力と時間や精神的な余裕に応じて無理なくやってもらえればいいな、と思っています。また、原稿執筆にはコストがかかるので経済的支援もお願いしています[4]。プロジェクトが実現したら、読者にとっていろんな意味で開かれた『料理の手引き』になってくれると信じています。

（補足）……このコラムを作成するにあたり、フェイスブックのグループ「エスコフィエ『料理の手引き』全注解」プロジェクトのメンバーの皆さんには連続でのチャット会議におつきあいいただき、大きな示唆を得ることが出来ました。この場を借りてお礼申しあげます。

文・五島　学

チャット会議参加者一覧

河井健司（Un de ces jours）
善塔一幸（La Maison Courtine）
春野 裕征（LA MAISON DU 一升VIN）
山下 拓也（シエルエソル）
石幡　乾（元エジンバラ総領事館）
髙橋　昇（レストラン ドゥ ラパン）
山本　学（レチュード）

訳注
1) https://bitbucket.org/lespoucesverts/escoffier-translation-jp/ にあるSPECIMEN.pdf
2) https://www.facebook.com/groups/1548833425201180/
3) https://bitbucket.org/lespoucesverts/escoffier-translation-jp/
4) https://lespoucesverts.org/archives/7042

＊このページの文章についてのみ、下記のクリエイティブ・コモンズ・ライセンスが適用されています。ほかのページについては、巻末のコピーライトが適用されます。

『料理の手引き』が食料ロス問題へのヒントとなる

リオネル ベカが語る
エスコフィエと食の未来

　環境汚染や農業の衰退によって、将来の食料不足がいよいよ現実味を帯びてきました。そのいっぽうで、いまだに食べ物の大量廃棄が大きな国際問題になっています。日本でも、国連が飢餓に苦しむ人々に援助している量のおよそ2倍の食べ物が捨てられてしまっているのだそうです。

　そんな現状に、私たち料理人のなかにも、危機感を募らせて食料問題に真剣に取り組む人たちが増えています。生産者と協力しあって地元食材の魅力を発信し、農業の活性化を促したり、これまでは捨ててしまっていた部分を料理に有効活用する「トラッシュ・クッキング」に挑戦したり。食の未来を守るための動きは、世界中で着実に広がりを見せています。

　このムーブメントはまだまだ芽吹いたばかりで、みんなが手探りで方法を模索している最中です。そこで、私はこの活動のお手本として、『料理の手引き』を推薦します。

　エスコフィエは、料理人である前に、レストランの経営者でしたから、材料を贅沢に使っておいしい料理を作るより、いかに経費を抑え、無駄なくおいしい料理を作るかに重点を置き、仕事の合理化を進めました。本のなかでは、野菜のくずはクールブイヨンになり、ソースから取り除いた油脂分も、捨てずに活用されています。食材のロスを出さないように余さず使い切る工夫がそこかしこにちりばめられているのです。

　また、この本は、フランス各地の料理を集めて1冊にまとめたものですから、食材の選択には、それぞれの風土がよく表れています。地産地消の料理を作るさいには、食材の組み合わせ方が参考になりますし、当時の人々がいかに生産者や土地とのつながりを大切にしながら料理を作っていたかを実感できます。100年以上前に出版されていながら、その内容は、食の未来を守ろうとするいま最先端の考え方にぴったり合うのです。

　モダンスパニッシュや北欧料理が一斉を風靡したときには、フランス料理界は危機に陥りました。彼らの自由な発想に憧れた一部の料理人たちが、フランス料理の伝統に背を向け、手法をやみくもに模倣したことで、「フランス料理の時代は終わった」と、世界のメディアから嘲笑されてしまったのです。

　そんな迷走期の反省から、最近では多くのシェフが改めて原点に立ち返り、フランス料理の伝統を見つめ直して、そこから現代的なアレンジを加える形に変化しています。この見直し作業のよりどころとして活用されたのも、『料理の手引き』でした。

　「イノベーティブ・フュージョン」というジャンルがミシュランガイドに採用され、創作性の強い料理が高い評価を受けるようになっています。しかし、イノベーティブ（革新）は、まったくのゼロから生み出されるものではありません。積み重ねられてきた歴史があるからこそ、それを土台に新たなステップアップができるのです。

　フランス料理が危機に陥ったとき、『料理の手引き』という伝統が自分たちを支え、進むべき道を示してくれたように、食料不足への不安もまた『料理の手引き』に立ち返ることで、新たな糸口が見つかるのではないでしょうか。

取材に
ご協力いただいた
シェフとお店の紹介

脇坂 尚
ワキサカ ヒサシ

1962年、北海道出身。札幌市内のホテル、レストランに勤務後「トンデンファーム」にて食肉加工技術を学ぶ。稚内全日空ホテルでスーシェフを9年務め、渡仏。パリとリヨンで研鑽を積む。帰国後は、日仏料理協会会長の宇田川政喜氏が経営する横浜「リパイユ・エクスキーズ」のシェフに就任。同氏から、リヨン郷土料理の奥深さを学ぶ。2006年に独立し、虎ノ門に「サラマンジェ ド イザシ ワキサカ」を開店。13年に銀座に移転。

サラマンジェ ド イザシ ワキサカ
東京都中央区銀座7-2-8 TAKAYA-GINZAビルB1F
☎03-6280-6481
http://hisashi-wakisaka.com

本文 p16〜31

松本浩之
マツモト ヒロユキ

1969年、山形県出身。銀座「レ・ザンジュ」、小田原「ステラ・マリス」にて基礎を学ぶ。96年に渡仏し、パリ「アンフィクレス」、アルザス「シリンゲール」、コルシカ「ラ・メール」、ブルゴーニュ「ラ・コート・ドール」などで研鑽を積み、シャモニーのホテル「アルベール・プルミエ」内の2つ星レストランではスーシェフを務める。帰国後、「レ・ザンジュ」、「レストラン フウ」でシェフを務めた後、19年に東京會舘「レストラン プルニエ」のシェフに着任予定。

東京會舘 レストラン プルニエ
東京都千代田区丸の内3-2-1 2F
https://www.kaikan.co.jp

本文 p63〜67

河井健司
カワイ ケンジ

1973年東京生まれ、高知県育ち。「レストラン・サマーシュ」など、日本のホテルやレストランで10年修業後、28歳で渡仏し、5年半にわたって現地で研鑽を積む。滞在中にはパリ3つ星「リュカ・カルトン」にてアラン・サンドランスに師事。同系列の会員制レストラン「ル・セルクル」ではシェフとして腕をふるう。2つ星「サンドランス」でスーシェフを務めたのち、帰国。六本木「オー・シザーブル」のシェフを経て、2010年に独立。

アンドセジュール
東京都大田区田園調布1-11-10 1F
☎03-3722-9494
https://www.undecesjours.com

本文 p32〜45

山本聖司
ヤマモト　セイジ

1975年、福岡県出身。名古屋外国語大学フランス語学科卒業後、都内のレストランに勤務。「銀座レカン」を経て、2001年から06年まで「ジョージアンクラブ」で研鑽を積む。都内のフランス料理店でシェフを務めたのち、12年に「ラ・トゥーエル」のシェフに就任。15年にオーナーシェフとなる。

ラ トゥーエル
東京都新宿区神楽坂6-8
☎03-3267-2120
https://www.tourelle.jp

本文 p46〜62

Lionel Beccat
リオネル　ベカ

1976年フランス・コルシカ島生まれ、マルセイユ育ち。97年からミッシェル・トロワグロのブラッスリー「ル・サントラル」、「ギィ・ラソゼ」「ペトロシアン」で修業を積む。2002年から「メゾン・トロワグロ」でスー・シェフを務め、2006年に東京の「キュイジーヌ [s] ミッシェル・トロワグロ」のエグゼクティブ・シェフとして来日。11年にフランス国家農事功労賞シュヴァリエ受勲。12年、「レストラン エスキス」のエグゼクティブ・シェフに就任。

Portrait by: Andrea Fazzari
(@tokyo_new_wave)

エスキス
東京都中央区銀座5-4-6　ロイヤルクリスタル銀座9F
☎03-5537-5580
http://www.esquissetokyo.com

本文 p6〜15

伊藤　憲
イトウ　ケン

1976年、愛知県出身。服部栄養専門学校を卒業後、「ル・グラン・コントワー」で4年間修業。2003年に渡仏し、ローヌ地方で現在3つ星「ピック」等で研鑽を積み、スペイン・バスク地方では3つ星「マルティン・ベラサテキ」で修業。帰国後、08年に名古屋で独立開店。12年、麻布十番に移転。

グリグリ
東京都港区元麻布3-10-2 VENT VERT 2F
☎03-6434-9015
http://www.gri-gri.net

本文 p82〜96

北野智一
キタノ　トモカズ

1979年、兵庫県出身。辻調グループフランス校を卒業後、20歳で恵比寿「レストラン ドゥ レトワール」に入社。中目黒「コムダビチュード」、西麻布「ル・ブルギニオン」でスーシェフとして腕をふるい、クラシックな料理への造詣を深める。2013年に独立開店。

ル・ヴァンキャトル
東京都豊島区目白2-3-3　目白Yビル1F
☎03-5957-1977
http://www.le-vinquatre.jp

本文 p68〜81

カラーページで紹介した料理の作り方

「ア・ラ・グレック」から着想した火入れ、「タルタルソース」から派生したソース

カラー写真は9ページ

材料（約10人前）
スパイスミックス
　ターメリック ……………………… 30g
　グリーンアニス …………………… 35g
　フェンネルシード ………………… 35g
　クミン ……………………………… 5g
　黒こしょう ………………………… 5g
　カルダモン ………………………… 2g
アスパラガス ………………………… 10本
自家製塩レモン ……………………… 適宜
冬瓜 …………………………………… 適宜
ノイリー酒 …………………………… 200mℓ
白ワイン ……………………………… 200mℓ
エシャロット（みじん切り）……… 20g
タルタルソース
　アボカド …… ½個（ピュレの状態で50g使用）
　ピュア・オリーブ油 ……………… 適宜
　レモン汁 …………………………… 適宜
　固ゆで卵黄 ………………………… 10g
　パセリ（みじん切り）…………… 5g
　エストラゴン（みじん切り）…… 5g
　酢漬けケッパー（みじん切り）… 10g
　エシャロット（細かく刻む）…… 5g
　青ゆずポン酢 ……………………… 15g
自家製ハーブオイル ………………… 適宜
マルトセック ………………………… 適宜
オキサリス、エディブルフラワー … 各適宜

＊自家製塩レモンは、塩漬けにしたレモンを1年かけて発酵させたもの。使う際にはミキサーで細かくしておく。
＊自家製ハーブオイルは、エストラゴンとミントの香りを移したオイル。

作り方
アスパラガスに火入れする
❶　スパイスミックスの材料をミキサーで混ぜ合わせる。
❷　アスパラガスはピーラーで皮をむき、重量に対して0.5%のスパイスミックス、0.3%の塩レモンを全体にまぶしつけ、30分おいて水分を抜きながら味をしみ込ませる。
❸　真空にかけ、63℃のウォーターバスで15分加熱する。

冬瓜に火入れする
❶　冬瓜は皮をむいてアスパラガスよりひとまわり大きなサイズに切り揃え、1mm厚さにスライスし、40秒ゆでる。
❷　ノイリー酒、白ワイン、エシャロットと一緒に真空にかけ、しばらくおいて味をなじませる。

タルタルソースを作る
❶　アボカドは皮と種を取り、少量のオリーブ油とレモン汁とともに真空にかける。85℃のウォーターバスで5分加熱する。
❷　さめたら裏漉してピュレにする。ピュレの状態で50g使用する。
❸　卵は固ゆでにし、卵黄を取り出して裏漉す。
❹　卵黄、パセリ、エストラゴン、ケッパー、エシャロットを混ぜ合わせる。
❺　アボカドピュレにポン酢を混ぜ合わせ、④を混ぜ合わせる。

仕上げ
❶　絞り袋にタルタルソースを入れ、皿に線状と丸く2か所絞る。
❷　線状に絞ったタルタルソースの上にアスパラガスをのせ、冬瓜をかぶせる。
❸　ハーブオイルにマルトセックを加えてパウダーにし、冬瓜の上に少々ふる。
❹　オキサリス、エディブルフラワーを冬瓜とタルタルソースの上に散らす。

「トマトソース」を生かす

カラー写真は11ページ

材料（約10人前）

トマトソース（出来上がりは約300g）
- トマト ……………………… 約1kg
- 生ハム ……………………… 適宜
- ピュア・オリーブ油 ………… 適宜
- にんにく（みじん切り）、黒こしょう、タイム、ローズマリー、フェンネルシード ……………… 各適宜
- ブーケ・ガルニ（洋ねぎ、パセリ、ローズマリー、ローリエ）…… 1束
- 塩 …………………………… 適宜

フヌイユのピュレ
- フヌイユ …………………… 5個
- アーモンドシロップ ………… 25g
- パスティス ………………… 10g
- レモン汁 …………………… 15g
- 塩 ……………………………… 4g
- ピュア・オリーブ油 ………… 40g
- 無塩バター ………………… 少々

アイオリソース
- 自家製マヨネーズ ………… 100g
- オリーブ油漬けにんにく …… 50g
- 固ゆで卵黄 ………………… 120g
- レモン汁 …………………… 10g
- アニスシード ……………… 5g

- なす ………………………… 適宜
- ブイヨン・ド・レギューム …… 適宜
- 白醤油 ……………………… 適宜
- 塩漬け赤紫蘇 ……………… 適宜
- タチウオ …………………… 適宜
- 塩 …………………………… 適宜
- 花つきクールジェット ……… 適宜
- ピュア・オリーブ油 ………… 適宜
- フェンネル ………………… 適宜
- 自家製パプリカのぬか漬け … 適宜
- 赤紫蘇の若芽 ……………… 適宜
- いちじくヴィネガー ………… 適宜
- 自家製オリーブのコンフィパウダー
  ……………………………… 適宜

作り方

トマトソースを作る

❶ トマトは湯むきし、くし切りにする。種の部分はシノワで漉し、別にとっておく。

❷ くし切りにしたトマトを脱水シートに挟み、24時間おいて水分を抜く。

❸ 脱水したトマトを生ハムで挟み、さらに24時間おいて水分を抜きながらうま味を移す。

❹ 鍋にオリーブ油、にんにく、黒こしょう、タイム、ローズマリー、フェンネルシードを入れて香りを移す。

❺ 火にかけて香りが立ってきたら、❸のトマト500g、漉したトマトの果肉100g、ブーケ・ガルニを加え、ごく弱火で完全に水分が飛ぶまで煮る。

❻ 野菜用のムーランで漉し、塩で味を調える。

フヌイユのピュレを作る

❶ フヌイユは薄切りにし、バター以外の材料と一緒に真空にかける。90℃のコンベクションオーブンで90分加熱する。

❷ 袋から取り出したら水気を切り、フライパンで香ばしく焼く。

❸ ディッシュウォーマーで2時間乾燥させる。

❹ バター少々を加え、ミキサーでピュレ状にする。

アイオリソースを作る

❶ マヨネーズに、裏漉してピュレにしたオリーブ油漬けにんにく、固ゆでし、裏漉した卵黄、レモン汁、アニスシードをよく混ぜ合わせる。

仕上げ

❶ なすはオーブンで丸ごとローストし、皮をむいて、ブイヨン・ド・レギュームと白醤油を混ぜ合わせて、一晩（12時間以上）マリネする。

❷ 水分を拭き取り、ひと口大に切って塩漬け赤紫蘇で巻く。

❸ タチウオは1人前ずつに切り分け、塩をして炭火で皮面を香ばしく焼く。

❹ 花つきクールジェットは、オリーブ油を入れたフライパンで軽く焼く。

❺ 皿にタチウオ、なす、花つきクールジェット、フェンネル、ひと口大に切った自家製パプリカのぬか漬けを盛りつける。

❻ フヌイユのピュレをクネル形にして添え、アイオリソース、トマトソースを盛りつける。

❼ 赤紫蘇の若芽を飾り、いちじくヴィネガー、自家製オリーブのコンフィパウダーを散らす。

「ア・ラ・フランセーズ」の調理法にヒントを得て

カラー写真は13ページ

材料（4人前）

オマール海老	2尾
昆布	適宜
昆布だし	適宜
白ワイン、シャンパン	各適宜
みりん粕のクリーム（このうち70gを使用）	
サワークリーム	100g
みりん粕	25g
ナージュ	
半熟卵黄	75g
玉ねぎ	1個
にんじん	1本
セロリ	1本
白ワイン	800ml
コニャック	200ml
グラス・ド・フュメ・ド・ポワソン	100g
無塩バター	200g
ブロッコリー	適宜
アスペルジュ・ソバージュ	適宜
絹さや、スナップエンドウ	各適宜
塩	適宜
自家製パセリの漬物	適宜
おぼろ昆布	適宜
グリンピースのつる	適宜
オレンジオイル	適宜

作り方

オマール海老を火入れする

❶ オマール海老は生きたまま爪をはずし、スチームコンベクションで殻の色が変わらない程度にごく短時間蒸す。

❷ 頭をはずし、身を縦半分に割る。昆布で挟み、30分昆布締めにする。

❸ 塩分濃度2％の昆布だし25mlを、オマール海老1尾と一緒に真空袋に入れて真空にかけ、42℃のウォーターバスで30分加熱する。

❹ 袋から出して水分を拭き取り、殻つきのままプランチャで焼く。白ワインとシャンパンでプランチャにこびりついたうま味をこそげる。

ソースを作る

❶ みりん粕のクリームの材料を混ぜ合わせる。

❷ 卵を6分ゆで、殻を割って凝固しはじめた卵黄だけを取り出す。

❸ 玉ねぎ、にんじん、セロリはそれぞれ薄切りにし、白ワイン、コニャックと一緒に鍋に入れ、液体が¾量になるまで煮詰める。シノワで漉す。

❹ グラス・ド・フュメ・ド・ポワソンを加えて混ぜ、バターを加えてバーミックスで乳化させる。

❺ みりん粕のクリーム70gを溶かし込み、❷の卵黄を加えてさらにバーミックスで撹拌する。

仕上げ

❶ ブロッコリーはゆでてミキサーでピュレにする。

❷ アスペルジュ・ソバージュ、絹さや、スナップエンドウはそれぞれ塩ゆでする。

❸ 自家製パセリの漬物はディッシュウォーマーで乾燥させる。

❹ 皿にソースを流し、殻からはずしたオマール海老、❷の野菜、おぼろ昆布を盛りつける。

❺ ブロッコリーピュレを絞り、グリーンピースのつる、パセリの漬物を飾る。

❻ オレンジオイルを少量たらして仕上げる。

「仔牛のソテ、ア・ラ・ペイザーヌ」から派生したシュック、「仔牛のブランケット」から発展させた仔牛と藁のエミュルション

カラー写真は15ページ

材料（約50人前）

仔牛のシュック
- 澄ましバター ………… 600g
- にんにく ………… 3片
- 仔牛の肩肉（みじん切り） ………… 2kg
- エシャロット（細かく刻む） ………… 400g
- にんじん（みじん切り） ………… 200g
- セロリ（みじん切り） ………… 200g
- 白ワイン ………… 1ℓ
- グラス・ド・ヴィアンド ………… 600mℓ

藁ミルク
- 藁 ………… 20g
- 牛乳 ………… 1ℓ

ブランケットの泡ソース
- 仔牛の肩肉 ………… 500g
- にんじん ………… 1本
- 玉ねぎ ………… 1個
- クローブ ………… 1本
- 水、塩 ………… 各適宜
- ブーケ・ガルニ（洋ねぎ、パセリ、ローズマリー、ローリエ） ………… 1束
- 藁ミルク ………… 上記から200mℓ
- 発酵バター ………… 200g
- 大豆レシチン ………… 3g

根セロリとアーモンドのピュレ
- 根セロリ ………… 1kg
- 牛乳 ………… 500mℓ
- パート・ダマンド ………… 30g
- 塩 ………… 7g
- 無塩バター ………… 適宜

発酵あんず
- 冷凍アプリコット ………… 1kg
- 日本酒（伊根満開） ………… 200mℓ
- ヨーグルト ………… 150g
- みりん粕 ………… 20g
- シェーヴルチーズ ………… 10g
- 塩 ………… 2g

アンチョビのコンディモン
- アンチョビ ………… 100g
- ピュア・オリーブ油 ………… 適宜
- 黒にんにく ………… 50g
- 黒らっきょう ………… 50g

蕪の塩焼き
- 蕪 ………… 4個
- グロセル ………… 1kg
- グラニュー糖 ………… 50g
- 粗く砕いた黒粒こしょう ………… 20g
- 仔牛フィレ肉 ………… 1人前120g
- 塩、白こしょう ………… 各適宜
- サラダ油、ピュア・オリーブ油 ………… 適宜
- じゃがいも（インカのめざめ） ………… 適宜
- 無塩バター ………… 適宜
- 自家製蕪とイーストのパウダー ………… 適宜
- スプラウト ………… 適宜

＊自家製蕪とイーストのパウダーは、4つ切りにした蕪を3日乾燥、イーストをつけて120℃で10日乾燥、まわりのイーストを落とし、60℃のオーブンで2日乾燥させて粉状にしたもの。

作り方

仔牛のシュックを作る

❶ 鍋に澄ましバターとにんにくを入れ、にんにくが色づいて香りが出るまで熱する。

❷ にんにくを取り除き、みじん切りにした仔牛の肩肉を入れて強火で鍋底とふちをこそげながら、しっかり色づくまで炒める。

❸ 十分焼き色がついたら、エシャロット、にんじん、セロリを加え、10分ほど炒め煮する。

❹ 野菜がしんなりしたら白ワインとグラス・ド・ヴィアンドを加え、弱火で1時間煮る。

❺ 野菜用のムーランで漉し、オーブンの上などの温かい場所において8時間かけてゆっくりコンフィにする。

藁ミルクを作る

❶ 藁をよく洗い、100℃のスチームコンベクションで10分加熱する。

❷ ディッシュウォーマーでよく乾燥させる。

❸ 牛乳と一緒に真空にかけ、75℃のコンベクションオーブンで1時間加熱する。オーブンから出したら、2時間かけてゆっくりさまし、藁の香りを牛乳に移す。シノワで漉す。

ブランケットの泡ソースを作る

❶ 仔牛の肩肉はぶつ切りにし、にんじんは乱切りにする。玉ねぎは皮をむいてクローブを刺す。

❷ 鍋に肉とかぶる程度の水、塩少々を入れて弱火にかけ、沸騰したらこまめに混ぜながらアクをていねいに取り除く。

❸ にんじん、玉ねぎ、ブーケ・ガルニを加え、液体が¾量になるまで煮詰める。シノワで漉して煮汁を使用する。

❹ ③の煮汁200㎖、藁ミルク、発酵バター、塩3g、大豆レシチンをバーミックスで泡立てる。

根セロリとアーモンドのピュレを作る
❶ 根セロリはひと口大に切り、バター以外の材料と一緒に真空にかける。
❷ 95℃のコンベクションオーブンで1時間加熱する。
❸ 水気を切り、バター少々を加えてミキサーでピュレにする。

発酵あんずを作る
❶ 解凍したアプリコットと日本酒を真空にかけ、24時間おく。
❷ アプリコットを脱水シートで挟み、24時間かけて水分を抜く。
❸ ヨーグルト、みりん粕、シェーヴルチーズ、塩と一緒に真空にかけ、冷蔵庫で7日寝かせて発酵させる。

アンチョビのコンディモンを作る
❶ アンチョビを冷たい流水で軽く塩を流し、水気をしっかり取る。
❷ オリーブ油と一緒に鍋でピュレ状になるまで熱する。
❸ 裏漉した黒にんにくと黒らっきょうを少しずつ加えて混ぜ合わせ、裏漉す。

蕪の塩焼きを作る
❶ グロセル、グラニュー糖、粗く砕いた黒粒こしょうを混ぜ合わせ、蕪にまぶし、250℃のコンベクションオーブンで30分焼く。オーブンから出したら、そのまま10分休ませる。

仔牛肉をマリネする
❶ 仔牛フィレ肉は藁ミルクに24時間浸けて風味を移す。

仕上げ
❶ 仔牛フィレ肉の水分を拭き取り、塩、こしょうをする。サラダ油を敷いたフライパンにのせ、250℃のオーブンで中心がロゼ色になるまでじっくり焼く。
❷ 発酵あんずを袋から取り出して水分を拭き取り、オリーブ油を敷いたフライパンで表面に焼き色をつける。
❸ じゃがいもは250℃のオーブンで焼き、裏漉す。焦がしバターをからめる。
❹ 仔牛肉、蕪の塩焼き、発酵あんず、根セロリとアーモンドのピュレを盛りつけ、中央に仔牛のシュックを盛りつける。
❺ ブランケットの泡ソースを数か所に盛りつけ、じゃがいも、蕪とイーストのパウダーを散らす。
❻ 皿の端にアンチョビのコンディモンを添え、スプラウトを飾る。

ロニョン・ド・コックのファルシ

カラー写真は18ページ

材料（40人前）

鶏白子	120個	エクルヴィスバター入りマヨネーズ	
基本の鶏胸肉のムスリーヌ		にんじん	40g
鶏胸肉	200g	玉ねぎ	80g
卵白	1個分	セロリ	40g
35％生クリーム	200mℓ	にんにく	3片
塩	4g	無塩バター	適宜
コニャック、白こしょう	各適宜	エクルヴィスの頭、殻	500g
エクルヴィス入りムスリーヌ		タイム、ローリエ	各適宜
鶏胸肉	100g	マヨネーズ	適宜
エクルヴィスの身	100g	フォン・ド・ヴォライユ	適宜
卵白	1個分	牛コンソメのジュレ	適宜
35％生クリーム	200mℓ	食パン	適宜
塩	4g	無塩バター	適宜
コニャック、白こしょう	各適宜	サマートリュフ	適宜
トリュフと牛タン入りムスリーヌ		とさか	40枚
基本の鶏胸肉のムスリーヌ	全量	飾り用エクルヴィス	40尾
黒トリュフ	適宜		
牛タンのハム	適宜		
生クリーム入りマヨネーズ			
卵黄	1個		
ディジョンマスタード	10g		
白ワインヴィネガー	5mℓ		
塩、白こしょう	各適宜		
サラダ油	200mℓ		
35％生クリーム	適宜		
トリュフエッセンス	適宜		
エスカルゴバター入りマヨネーズ			
パセリの葉	50g		
有塩バター	450g		
エシャロット	20g		
にんにく	40g		
アーモンド（ローストしておく）	20g		
マヨネーズ	適宜		
コニャック	30mℓ		
白こしょう	適宜		

＊牛タンのハムは、牛タンを2週間塩漬けし、5日塩抜きしたのち、75℃の湯で90分ゆでたもの。

＊とさかは、薄切りにしたにんじん、玉ねぎ、セロリ、みじん切りにしたにんにく、塩を加えたフォン・ド・ヴォライユで柔らかくなるまで1時間程度煮る。

＊飾り用エクルヴィスは、ディルをたっぷり入れたクールブイヨンで殻の色が変わるまでゆでておく。

＊牛コンソメのジュレは、牛骨と鶏ガラでフォン・ブランを取り、牛すね肉の挽き肉を使ってクラリフィエした牛コンソメに、水で戻した板ゼラチンを液体重量の2〜2.5％溶かしたもの。

作り方

鶏白子の下ごしらえ

❶　大きな白子を選び、水に一晩浸けてよく血抜きする。

❷　包丁で縦に切れ目を入れる。軽くわいた湯に入れ、裏返ったら取り出し、完全にさます。

3種のムスリーヌを作る

❶　鶏胸肉は粗く刻み、ロボクープですりつぶす。

❷　卵白を加えて混ぜ合わせ、生クリームを少しずつ加えながら合わせる。塩を混ぜ合わせる。

❸　裏漉してコニャックと白こしょうで味を調える。

❹　エクルヴィス入りムスリーヌは、鶏胸肉の半量をエクルヴィスの身にかえて同様に作る。エクルヴィスは沸騰した湯で10秒湯通しし、氷水にとって冷やし、殻をはずして使う。

❺　トリュフと牛タン入りムスリーヌは、基本と同様に作り、仕上げにトリュフのみじん切りと、アリュメット（マッチ棒サイズ）の太さで長さ2cmに切った牛タンのハムを加える。

生クリーム入りマヨネーズを作る

❶　ボウルに卵黄とマスタードを入れ、泡立て器でよく混ぜる。

❷　白ワインヴィネガー、塩、こしょうを順に加えて混ぜ合わせる。

❸　サラダ油を少量ずつ乳化させながら加える。

❹　9分立ての生クリームをマヨネーズの半量加えて混ぜ合わせ、トリュフエッセンスを加える。全部混ざったら味を見て塩、こしょうで調える。

エスカルゴバター入りマヨネーズを作る

❶ パセリの葉は柔らかくなるまでゆで、氷水で冷やして水気を固く絞る。

❷ フードプロセッサーに刻んだバター、パセリの葉、エシャロットとにんにくのみじん切り、ローストしたアーモンドを入れ、なめらかになるまで混ぜ合わせる。

❸ ②のエスカルゴバターとマヨネーズを同量ずつ混ぜ合わせ、コニャックを加える。こしょうで味を調える。

エクルヴィスバター入りマヨネーズを作る

❶ エクルヴィスバターを作る。にんじん、玉ねぎ、セロリ、にんにくを2～3mm角に切り、バターを入れた鍋でしんなりするまで炒め煮する。

❷ エクルヴィスを加え、殻をつぶしながら炒める。

❸ バター450g、タイム、ローリエを加えて30分ほど煮る。シノワで漉し、冷やし固める。

❹ ポマード状に練り、マヨネーズと同量ずつ混ぜ合わせる。固すぎるようなら、生クリームで調整する。

仕上げ

❶ 白子のくぼみに3種のムスリーヌをそれぞれ10gずつ絞り、ひとつずつさらしで包む。

❷ 75℃のフォン・ド・ヴォライユで4分ゆで、完全にさめたらさらしをはずす。

❸ 網の上に並べ、液状の牛コンソメのジュレを上からかけて冷やし固める。

❹ 食パンを1cm厚さに切って直径5cmの菊型で抜き、バターを入れたフライパンで揚げ焼きしてクルトンを作る。

❺ 絞り袋に入れた3種のマヨネーズを、それぞれクルトンの上に絞る。

❻ 生クリーム入りマヨネーズにはトリュフ入り基本の鶏胸肉のムースリーヌの白子と薄切りのサマートリュフ、エクルヴィスバター入りにはエクルヴィス入りムースリーヌの白子、エスカルゴバター入りにはトリュフと牛タン入りムースリーヌの白子ととさかをそれぞれのせる。

❼ 1種ずつ皿に盛りつけ、飾り用エクルヴィスをパンを土台にして殻つきのまま立て、皿の中央にのせて仕上げる。

貧乏人のフォワグラのトリュフ

カラー写真は21ページ

材料（20人前）

鶏レバーのテリーヌ

鶏レバー	200g
ルビーポルト酒	適宜
コニャック	適宜
フォワグラ脂	適宜
にんにく（みじん切り）	5g
玉ねぎ（薄切り）	50g
セロリ（薄切り）	25g
にんじん（薄切り）	25g
フォン・ド・ヴォライユ	200mℓ
35％生クリーム	40mℓ
タイム、ローリエ	各適宜
塩、白こしょう、キャトルエピス	各適宜
全卵	5個

プラムの赤ワイン煮

プラム	200g
グラニュー糖	50g
赤ワイン	150mℓ

牛コンソメのジュレ	適宜
黒トリュフ	適宜
自家製ブリオシュ	適宜

＊テリーヌ型には、バターを厚めに塗って冷やし固めておく。
＊牛コンソメのジュレは、牛骨と鶏ガラでフォン・ブランを取り、牛すね肉の挽き肉を使ってクラリフィエした牛コンソメに、水で戻した板ゼラチンを液体重量の2〜2.5％溶かしたもの。

作り方

鶏レバーのテリーヌを作る

❶ 鶏レバーは筋を取り除き、バットに広げ、ルビーポルト酒30mℓ、コニャック15mℓをふりかけて一晩おいて味をなじませる。

❷ フォワグラ脂を入れたフライパンでさっと炒め、コニャック少量でフランベし、レバーを取り出す。

❸ ②のフライパンにフォワグラ脂を入れ、にんにくを香りが出るまで炒める。玉ねぎ、セロリ、にんじんを加え、しんなりしてきたらルビーポルト酒50mℓを加え、水分がなくなるまで煮詰める。

❹ フォン・ド・ヴォライユ、生クリーム、タイム、ローリエを加えて5分ほど煮込む。

❺ 香草を取り出してミキサーに入れる。

❻ ミキサーをまわしながら、溶かしたフォワグラ脂を少量ずつ、約700mℓ加えて全体をなめらかにつなぐ。途中でレバーを加える。フォワグラ脂はさましてから加えること。

❼ ルビーポルト酒30mℓを加えて香りづけ、塩、こしょう、キャトルエピス、全卵を混ぜ込み、シノワで漉す。

❽ 27×9cm、高さ6.5cmのテリーヌ型に流し、湯煎にかけて150℃のオーブンで2時間蒸し焼きにする。

❾ オーブンから取り出し、完全にさます。冷蔵庫でよく冷やしておく。

プラムの赤ワイン煮を作る

❶ すべての材料を鍋に入れ、水分がなくなり、ジャム状になるまで煮詰める。

仕上げ

❶ 鶏レバーのテリーヌを裏漉し、よく練り合わせる。

❷ 60gずつに分け、プラムの赤ワイン煮¼個を中に入れ、丸く成形する。冷蔵庫で冷やす。

❸ 液状の牛コンソメのジュレを上から流して薄くまとわせ、刻んだ黒トリュフで全体を覆うように張りつける。

❹ 皿の底に冷やし固めた牛コンソメのジュレを敷き、❸をのせる。

❺ 1cm厚さに切ったブリオシュを香ばしく色づくまでトーストし、4枚並べて盛りつける。

鶏レバーのケーキ　リ・ド・ヴォーのフリカッセ添え

カラー写真は23ページ

材料（7人前）

鶏レバーのケーキ
- 鶏レバー　200g
- コニャック　少々
- ルビーポルト酒　少々
- パナード
  - 牛乳　200mℓ
  - 無塩バター　50g
  - 乾燥させたパンの白い部分　100g
  - 全卵　2個
- エシャロット　10g
- にんにく　5g
- サラダ油　適宜
- 無塩バター　50g
- 塩、白こしょう、ナツメグパウダー、キャトルエピス　各適宜
- 卵白　100g
- 無塩バター、強力粉（型塗り用）　各適宜

トマトソース
- 玉ねぎ　400g
- にんにく　50g
- ピュア・オリーブ油　適宜
- トマトホール缶　2.5kg
- ブイヨン・ド・ヴォライユ　2ℓ
- ブーケ・ガルニ（タイム、セロリの葉、パセリの茎、ローリエ）　1束
- 塩　適宜

リ・ド・ヴォーのフリカッセ
- リ・ド・ヴォー（ノワ）　420g
- 塩、白こしょう、強力粉　各適宜
- ピュア・オリーブ油　適宜
- 無塩バター　適宜
- にんにく　14g
- エシャロット　14g
- シェリーヴィネガー　140mℓ
- フォン・ド・ヴォー　175mℓ
- 無塩バター（モンテ用）　35g
- パセリ　適宜

トマトのコンカッセ
- トマト　1個
- 塩、白こしょう　適宜
- シェリーヴィネガー　少々
- エシャロット　少々
- エクストラ・バージン・オリーブ油　少々
- 無塩バター、水、セルフィユ　各適宜

作り方

鶏レバーのケーキを作る

❶ レバーは、ごく少量のコニャックとポルト酒に半日なじませる。

❷ パナードを作る。牛乳とバターを鍋で沸騰させる。わいたら火を止め、細かく刻んだパンを加えて蓋をし、パンをふやかす。

❸ ロボクープにかけてなめらかにし、全卵を加えてさらに回す。

❹ エシャロットとにんにくをみじん切りにし、レバーと混ぜ合わせる。

❺ フライパンでサラダ油を煙が出るまでよく熱し、❹を加えてレバーの表面を焼き固める。コニャックを少量加えてアルコール分を一気に飛ばす。

❻ ❸のロボクープに❺とバターを加えてなめらかにし、塩、白こしょう、ナツメグパウダー、キャトルエピスを加えて味を調える。

❼ 卵白に塩を少量加え、5分立てのメレンゲを作る。

❽ ボウルに❻を入れ、メレンゲを加えてカードで切るように混ぜ合わせる。

❾ 直径10cmのマンケ型にバターを薄く塗り伸ばして冷蔵庫で冷やし、強力粉をふってさらに冷やす。

❿ 型の6分目までアパレイユを注ぎ、170℃のオーブンで15分焼く。

トマトソースを作る

❶ 玉ねぎはせん切り、にんにくはみじん切りにする。オリーブ油を入れた鍋を中火にかけ、玉ねぎとにんにくを入れて玉ねぎがしんなりして香りが立つまで炒める。

❷ つぶしたトマトホール、ブイヨン・ド・ヴォライユ、ブーケ・ガルニを加え、1時間半程度煮込む。塩で味を調える。

❸ ブーケ・ガルニを取り出し、バーミックスでよく混ぜ合わせ、シノワで漉す。

リー・ド・ヴォーのフリカッセを作る

❶ リ・ド・ヴォーを下処理する。水に一晩浸け、汚れや余分な血を取り除く。水が濁ったら取りかえる。

❷ 鍋に1%の塩水をリ・ド・ヴォーがかぶる程度まで入れ、弱火でゆっくり温度を上げる。70℃になったらその温度を保ったまま30分ゆで、血抜きする。

❸ 氷水に取り、中心まで完全にさまし、脂と薄膜を取り除く。キッチンペーパーで包み、重しをのせて一晩水分を抜く。

❹ 10gずつに切り分ける。塩、こしょうをふり、強力粉を全体につける。

❺ フライパンに同量のオリーブ油とバターを入れて熱し、リ・ド・ヴォーの表面を焼き固める。

❻ リ・ド・ヴォーを取り出したら、みじん切りにしたにんにくとエシャロットを加えて炒める。香りが出たらシェリーヴィネガーを加えて底についたうま味を溶かし、半量まで煮詰め、フォン・ド・ヴォーを加える。

❼ リ・ド・ヴォーをフライパンに戻し、弱火で温め、塩、こしょうで味を調える。

❽ 冷たいバターを加え、フライパンを揺すりながら溶かし込み、パセリのみじん切りをふる。

仕上げる

❶ トマトを5mm角に切り、塩、こしょう、シェリーヴィネガー、エシャロットのみじん切り、オリーブ油を混ぜ合わせる。

❷ 耐熱皿にバターを敷き、鶏レバーのケーキを型からはずして裏返してのせる。水少量をかけて蓋をし、200℃のオーブンでふくらむまで温める。

❸ トマトソースをかけ、リ・ド・ヴォーのフリカッセ5個をまわりに並べる。トマトのコンカッセをのせ、セルフィユを飾る。

アシ・パルマンティエとフォワグラのプレセ

カラー写真は25ページ

材料（8人前）

アシ・パルマンティエ

牛テール肉	⅓本
グレス・ド・マルミット	適宜
玉ねぎ	200g
セロリ	100g
にんじん	100g
茶色のフォン	1ℓ
にんにく	1株
ローリエ、タイム、パセリの茎	各適宜
じゃがいも（メークイン）	500g
フォワグラ脂	適宜
にんにく（みじん切り）	5g
エシャロット（みじん切り）	20g
キャトルエピス	適宜
パセリ（みじん切り）	適宜
塩、黒こしょう	各適宜

フォワグラのテリーヌ
（このうち300gを使用）

鴨フォワグラ	1kg
塩	フォワグラ重量の1.2%
グラニュー糖	フォワグラ重量の1.2%
塩漬材	フォワグラ重量の0.7%
ルビーポルト酒	60mℓ
コニャック	30mℓ

マーマレード

オレンジ	3個
グラニュー糖	適宜

バルサミコ酢	適宜
ルッコラ、ロケット、タンポポ、サマートリュフ	各適宜

＊グレス・ド・マルミットはコンソメなどを作るさいに浮いてくる脂を集めて澄ませたもの。
＊茶色のフォンは、同量の牛骨と鶏ガラから取っただしのこと。

作り方

アシ・パルマンティエを作る

❶ 牛テール肉は関節ごとに切り分け、グレス・ド・マルミットで表面を焼き固める。

❷ 牛テール肉を取り出し、同じ鍋でひと口大に切った玉ねぎ、セロリ、にんじんをきつね色になるまで炒める。

❸ 牛テール肉を戻し、茶色のフォンを注ぐ。にんにく、ローリエ、タイム、パセリの茎を入れ、中火で柔らかくなるまで煮込む。

❹ シノワで漉し、牛テール肉を戻して粗熱が取れるまでさます。骨からはずし、肉を1.5cm程度に刻む。

❺ じゃがいもを固めにゆで、皮をむいて1cm厚さに切る。

❻ 鍋にフォワグラ脂を入れ、じゃがいもをつぶしながら色づくまで炒める。

❼ 牛テール肉、❹の煮汁150mℓ、にんにくとエシャロットのみじん切りを加えてじゃがいもに味をしみ込ませるように炒める。

❽ キャトルエピス、パセリのみじん切りを加え、塩、黒こしょうで味を調える。

フォワグラのテリーヌを作る

❶ フォワグラを室温に戻し、大きな血管を取り除く。

❷ すべての材料をふりかけて一晩寝かせる。

❸ 真空にかけ、70℃の湯煎で2時間加熱し、氷水で冷やす。

❹ 溶けた脂が固まったら袋から取り出して脂を取り除き、テリーヌ型に詰めて型ごと真空にかける。一晩寝かせる。

アシ・パルマンティエをテリーヌに仕立てる

❶ 20×9cm、高さ6cmのテリーヌ型にアシ・パルマンティエを半量詰める。

❷ 2cm厚さに切ったフォワグラのテリーヌを重ね、残りのアシ・パルマンティエを上まで詰める。

❸ ラップ、アルミ箔でふたをし、160℃のオーブンで30分湯煎焼きにする。この火入れでは、気泡を抜いて結着させるのと、殺菌が目的。

❹ 粗熱を取り、重しをのせて冷蔵庫で一晩寝かせる。

マーマレードを作る

❶ オレンジは皮と果肉に分け、皮は細切りにし、3回ゆでこぼす。果肉は薄切りにする。

❷ 果肉と皮を合わせて軽くゆでる。

❸ オレンジの重量と同量のグラニュー糖を一緒に鍋に入れ、102℃になるまで煮る。

仕上げ

❶ バルサミコ酢を濃度が出るまで煮詰める。

❷ テリーヌを3cm厚さに切り出して皿に盛りつける。

❸ ルッコラ、ロケット、タンポポのサラダを盛り、サマートリュフの薄切りを散らす。

❹ マーマレードを添え、バルサミコソースをディスペンサーで点描する。

ホロホロ鳥のジャンボノー　ビーツのコンソメ

カラー写真は27ページ

材料（1人前）

ジャンボノー
- ホロホロ鳥もも肉 …………… 1本
- 塩 …………………………… 適宜
- にんにく（みじん切り）……… 適宜
- タイム ………………………… 1枝
- 鴨フォワグラ ………………… 15g
- 黒こしょう …………………… 適宜
- ルビーポルト酒、コニャック … 各適宜
- 豚うで肉 ……………………… 20g
- 黒トリュフ（みじん切り）、セージパウダー、キャトルエピス …… 各適宜
- 水 …………………………… 適宜
- グレスドワ（鷲鳥の脂）……… 適宜
- ビーツ ………………………… 適宜
- 牛コンソメ …………………… 適宜
- アスペルジュ・ソバージュ …… 2本
- 塩 …………………………… 適宜

＊牛コンソメは、牛骨と鶏ガラでフォン・ブランを取り、牛すね肉の挽き肉を使ってクラリフィエしたもの。

作り方

ジャンボノーを作る

❶ ホロホロ鳥もも肉は、大腿骨をはずし、すね骨を半分のところで切り落とす。2cm程度骨を露出させ、塩とにんにくのみじん切りをまぶし、タイムをのせて一晩塩漬けする。

❷ フォワグラは塩、こしょう、ルビーポルト酒、コニャックを少量ふりかけ、一晩味をなじませる。

❸ もも肉は表面の塩とにんにくを拭き取り、皮をはずす。肉を切り開いて均一な厚みになるようにそぎ落とす。

❹ 豚うで肉は重量の1.2％の塩をまぶしてしばらくおき、粗挽きにする。

❺ 切り落としたもも肉の切れ端、豚うで肉、黒トリュフのみじん切り、セージパウダー、キャトルエピス、黒こしょうを加え、全重量の20％量の水を少しずつ加えて粘りが出るまで練り合わせ、ファルスを作る。

❻ もも肉の上にファルス、15gに切り分けたフォワグラをのせて巻く。皮で包んで上からアルミ箔で包み、ジャンボン形になるように成形し、竹串で数カ所穴を開ける。

❼ 鍋に❶ではずした骨を入れ、網を敷いてグレスドワを注ぐ。80℃に温め、ジャンボノーを入れて4時間コンフィにする。

❽ ジャンボノーを取り出してアルミ箔をはずす。脂はシノワで漉し、上澄みだけをコンフィに注いで冷やし固め、1日寝かせる。残った脂は別に冷やし固め、底に溜まったジュを取り出す。

ビーツのコンソメを作る

❶ ビーツは皮をむき、1cm厚さの輪切りにする。コンソメで柔らかくなるまでゆでる。

❷ コンフィの脂から取り出したジュでコンソメの味を調える。

仕上げ

❶ フライパンでジャンボノーの表面にこんがりと焼き色をつける。

❷ アスペルジュ・ソバージュを、適度に食感が残る程度に塩ゆでする。

❸ スープ皿の中央にビーツをのせ、その上にジャンボノーを骨が上になるようにのせる。

❹ アスペルジュ・ソバージュをまわりに並べ、ビーツのコンソメを注ぐ。

カルボナードのパテ

カラー写真は28ページ

材料（10×20cmのパテ1台分）
カルボナード
　玉ねぎ　　　　　　　　　　500g
　グレス・ド・マルミット　　適宜
　薄力粉　　　　　　　　　　30g
　ビール　　　　　　　　　　350ml
　牛サガリ肉　　　　　　　　500g
　ブーケ・ガルニ（セロリ、パセリの
　　茎、タイム、ローリエ）　1束
　茶色のフォン　　　　　　　150ml
　蜂蜜　　　　　　　　　　　100ml
網脂　　　　　　　　　　　　適宜
塩、黒こしょう　　　　　　各適宜
フォワグラのテリーヌ（116ページ参照）
　　　　　　　　　　　　　　適宜
自家製ブリゼ生地　　　　　　適宜
牛コンソメのジュレ　　　　　適宜
ルッコラ、アンディーブ、ラディッシュ、
　スプラウト　　　　　　　各適宜

＊グレス・ド・マルミットはコンソメなどを作るさいに浮いてくる脂を集めて澄ませたもの。
＊牛コンソメのジュレは、牛骨と鶏ガラでフォン・ブランを取り、牛すね肉の挽き肉を使ってクラリフィエした牛コンソメに、水で戻した板ゼラチンを液体重量の2〜2.5％溶かしたもの。

作り方
カルボナードを作る

❶　玉ねぎは皮をむいて薄切りする。グレス・ド・マルミットを敷いた鍋で飴色になるまでよく炒める。
❷　薄力粉をふり入れてさらに炒め、ビールを注ぐ。
❸　牛肉は大きな筋を取り除き、グレス・ド・マルミットを敷いたフライパンで表面に焼き色をつける。
❹　②に牛肉、ブーケ・ガルニ、茶色のフォンを加える。中火にかけ、沸騰したらアクと脂を引き、弱火で2時間煮込む。煮汁につけたままさます。
❺　肉を取り出し、煮汁に蜂蜜を加えてペースト状になるまで煮詰める。

パイ包みにする

❶　網脂を広げ、薄切りにして塩、こしょうを強めにふった牛肉とペーストを交互に薄く重ねて層にする。
❷　肉とペーストを2回ずつ重ねたら、フォワグラのテリーヌを幅4cm、厚さ1cmに切ってのせ、さらに肉とペーストを2回ずつ重ね、網脂で包む。
❸　ブリゼ生地を厚さ4mmに伸ばし、底用は10×20cm、上面用は15×25cmに成形する。
❹　②をブリゼ生地で挟み、端を閉じる。上面の中央に直径1cm程度の蒸気を抜く穴を作る。葉形やつる状に成形した生地を張りつけて飾る。
❺　200℃のオーブンに入れ、徐々に温度を下げながら140℃まで下げ、合計40分焼く。取り出して完全にさます。
❻　中央の穴から、牛コンソメのジュレを流し入れ、冷蔵庫で冷やす。
❼　供すさいは、3cm厚さに切り分けて皿に盛り、ルッコラ、アンディーブ、ラディッシュ、スプラウトのサラダを盛りつける。

＊温製にする場合

❶　フォワグラはテリーヌではなく、生のフォワグラを塩、黒こしょう、ルビーポルト酒、コニャックをふりかけて一晩味をなじませて使う。
❷　カルボナードの煮汁は、全量を煮詰めず、少量分けておき、生クリームを加えてソースとして添える。
❸　パイ包みは自家製のフィユタージュ生地を使う。1人前直径10cmの円形で作り、220℃のオーブンで7〜8分焼く。コンソメジュレは使用しない。

Un de ces jours *Kawai Kenji*

ゴディヴォ、仔牛肉とケンネ脂のファルス

カラー写真は35ページ

材料（5人前）
ゴディヴォ
仔牛もも肉 ････････････････ 143g
塩 ･･････････････････････ 3.5g
白こしょう ･･････････････ 少々
ナツメグ ･･････････････････ 少々
ケンネ脂 ･･････････････････ 215g
全卵 ･･･････････････････････ 1個
玉ねぎのシュエ ･･･････････ 40g
氷 ･･････････････････････････ 100g
仔牛フィレ肉 ･･･････････････ 200g
ソース・シュプレーム
シャンピニョントゥルネの煮汁
･･････････････････････････ 50㎖
ジュ・ド・ヴォライユ ････ 100㎖
38％生クリーム ･････････ 200㎖
卵黄 ･････････････････････････ 1個
無塩バター ･･････････････ 適宜
塩、白こしょう ･･････････ 各適宜
とさか ･･････････････････････ 5枚
ブイヨン・ド・ヴォライユ ･･ 適宜
塩 ･･････････････････････････ 適宜
そら豆 ･･････････････････････ 適宜
パイケース ･･････････････････ 5個

＊玉ねぎのシュエは、みじん切りにした
　玉ねぎをバターでゆっくり炒め煮した
　もの。シュエの状態で40g使う。
＊シャンピニョンの煮汁は、水、塩、レ
　モン汁、バターを混ぜ合わせたキュイ
　ソン・ブランでトゥルネ形に切ったシャ
　ンピニョンをゆでたときの煮汁。

作り方
ゴディヴォを作る
❶ 仔牛もも肉はさいの目に切り、塩、こしょう、ナツメグを加えてすりつぶしながら混ぜ合わせる。
❷ ケンネ脂は薄皮と筋をきれいに取り除き、細かく刻み、すりつぶす。
❸ ①、②を合わせて一体化するまでよくすりつぶし、混ぜながら全卵を加える。
❹ 裏漉しし、バットに広げて冷蔵庫で一晩休ませる。
❺ 玉ねぎのシュエを加えて混ぜ合わせ、小さく砕いた氷を加えながら混ぜ合わせる。
❻ 仔牛フィレ肉を5等分し、ゴディヴォで包んで卵形に成形する。
❼ オーブンシートを敷いた天板にのせ、100℃のオーブンで12分焼く。

ソース・シュプレームを作る
❶ シャンピニョントゥルネの煮汁、ジュ・ド・ヴォライユ、生クリーム半量を鍋に入れ、¾量になるまで煮詰める。
❷ 卵黄を加え、ハンドミキサーで乳化させる。
❸ 残りの生クリーム、バター少々を溶かし込み、塩、こしょうで味を調える。

仕上げ
❶ とさかは、ブイヨン・ド・ヴォライユと一緒に圧力鍋に入れ、沸騰してから10分加熱する。塩で味を調える。
❷ そら豆は塩ゆでし、皮をむく。
❸ 皿にそら豆を並べ、半分に切ったゴディヴォを断面を上にしてのせる。
❹ パイケースにソース・シュプレームを流し、とさかをのせて皿に盛り、ソース・シュプレームを泡立てて流す。

パイケース

材料（出来上がりは約2kg）
発酵バター（折り込み用）･････ 700g
デトランプ
薄力粉 ･･････････････････ 700g
強力粉 ･･････････････････ 300g
溶かし発酵バター ････････ 150g
塩 ･･････････････････････ 20g
白ワインヴィネガー ･･････ 10㎖
水 ･････････････････････ 450㎖
ドリュール ･･････････････････ 適宜

＊ドリュールは卵黄を水で伸ばした
　もの。

作り方
❶ 折り込み用の発酵バターは半量ずつ正方形に成形し、冷やしておく。
❷ 薄力粉と強力粉は合わせてふるい、ミキシングボウルにデトランプの材料をすべて入れる。フックでよく混ぜ合わせる。ただし、グルテンは出さない。
❸ 半分に分割し、折り込み用バターよりひとまわり大きく伸ばし、バターを包む。
❹ バターが溶けないように適宜冷蔵庫で生地を締めながら、3つ折りを5回くり返す。冷蔵庫で冷やして休ませる。
❺ 厚さ2mmに伸ばし、冷凍する。
❻ 直径4cmの丸型でくり抜き、ドリュールを刷毛で塗って3枚重ねる。
❼ 170℃のオーブンで20分から焼きする。
❽ 取り出して、ケース状になるように中をくり抜き、さらに7分焼く。

牛テールの澄んだポタージュ・フランス風

カラー写真は37ページ

材料（10人前）
シリアルパン
- サルタナレーズン　100g
- 水　適宜
- シリアル粉　225g
- 中力粉　700g
- 塩　14g

牛テールのポタージュ
- 牛テール　1kg
- 仔牛すね肉　500g
- ブイヨン・ド・ヴォライユ　2ℓ
- にんじん　1本
- 玉ねぎ　½個
- セロリ　100g
- ブーケ・ガルニ（洋ねぎ、タイム、ローリエ）　1束
- 牛もも肉　200g
- 仔牛もも肉　200g
- 無塩バター　適宜
- 塩　適宜
- 水溶きコーンスターチ　適宜

牛テールのリエット
- 牛テール　1kg
- 牛テールのポタージュ　適宜
- 塩　適宜

- 蕪、にんじん　各適宜
- 食用ミニバラ、青たで　各適宜

作り方

自家製シリアルパンを作る
❶ 発酵液を作る。サルタナレーズンと水500mlを密閉容器に入れ、常温（22～24℃）で72時間程度発酵させる。布漉しし、冷蔵庫で保存する。

❷ 中種を作る。発酵液100ml、水175ml、シリアル粉、中力粉200gをよく混ぜ合わせ、常温（22～24℃）で24時間発酵させ、冷蔵庫で保存する。

❸ 中力粉500g、中種210g、塩、水325mlをミキシングボウルに入れ、フックの中速でグルテンが出るまでよく練る。

❹ 2分割して丸め、冷蔵庫で一晩発酵させる。

❺ パンチングして丸く成形し、35℃のホイロで1時間ほど最終発酵させる。

❻ 打ち粉（分量外）をし、クープを入れて260℃のオーブンに入れる。

❼ 打ち水をして蒸気を発生させ、6分したら火を消して合計35分焼成する。

牛テールのポタージュを作る
❶ 牛テールを関節ごとに切り分け、仔牛すね肉、ブイヨン・ド・ヴォライユと一緒に鍋に入れて中火にかける。

❷ 沸騰させ、アクと脂を取り除き、皮をむいて乱切りにしたにんじんと玉ねぎ、3cm程度に切ったセロリ、ブーケ・ガルニを加え、弱火で5時間煮込む。シノワで漉し、さます。

❸ 5mm角に切った牛もも肉と仔牛もも肉をバターを入れた鍋で表面の色が変わる程度にさっと炒める。

❹ ②の液体と混ぜ合わせて中火にかけ、沸騰したらアクと脂を取り除く。

❺ 弱火にし、1時間ほど煮出す。

❻ 布漉しし、味を見て、必要なら煮詰める。塩で味を調え、水溶きコーンスターチで濃度をつける。

牛テールのリエットを作る
❶ 牛テールを関節ごとに切り分け、牛テールのポタージュでゆでる。

❷ 温かいうちに骨から身をはずしてミキサーに入れ、塩を加えてリエット状になるまで練り合わせる。

仕上げ
❶ シリアルパンは1cm厚さ、5cm幅に切り、トースターで焼く。

❷ にんじんと蕪は皮をむき、にわとり型で型抜きする。にんじんは牛テールのポタージュでゆでる。蕪は生のまま使う。

❸ ①の上にクネル形にした牛テールのリエット、蕪、にんじん、食用ミニバラ、青たでを盛りつけ、スープ皿にのせる。

❹ 牛テールのポタージュを注ぐ。

ブイヨン・ド・ヴォライユ

材料（出来上がりは約3ℓ）
- ツメ鶏　2kg
- 鶏ガラ　2kg
- 水　適宜
- にんじん　½本
- 玉ねぎ　½個
- ブーケ・ガルニ　1束

作り方
❶ ツメ鶏は5cm大に切り、掃除して、ぶつ切りにした鶏ガラと一緒に鍋に入れ、ひたひたの水を加える。中火にかけ、沸騰したらアクと脂を取り除く。

❷ 皮をむいて乱切りにしたにんじんと玉ねぎ、ブーケ・ガルニを加え、弱火で5時間煮出す。シノワで漉す。

フォワグラのブリオシュ包み（ストラスブール風）

カラー写真は39ページ

材料（6人前）
黒トリュフ　　　　　　　　　　3個
　（40g程度のもの）
ブランデー　　　　　　　　　　適宜
鴨フォワグラ　　　　　1個（約700g）
グレスドワ（鵞鳥の脂）　　　　適宜
塩、白こしょう　　　　　　　各適宜
ブリオシュ生地
　ドライイースト　　　　　　　10g
　ぬるま湯　　　　　　　　　40mℓ
　塩　　　　　　　　　　　　　7g
　中力粉　　　　　　　　　　250g
　全卵　　　　　　　　　　　　2個
　発酵バター　　　　　　　　130g
ドリュール　　　　　　　　　　適宜
いちじく　　　　　　　　　　　6個
ソース
　シェリー・ペドロヒメネス　100mℓ
　グラス・ド・ヴィアンド　　100mℓ
　塩　　　　　　　　　　　　適宜
水牛のリコッタチーズ　　　　　適宜
ピュア・オリーブ油　　　　　　適宜
塩、レモン汁　　　　　　　　各適宜
エンドウ豆の若芽　　　　　　　適宜

＊ドリュールは卵黄を水で伸ばしたもの。

作り方

トリュフとフォワグラの下ごしらえ

❶ トリュフは皮をむき、少量のブランデーを注いで弱火にかける。中まで火が入ったら粗熱を取り、半分に切って形を整える。

❷ フォワグラは左右に分割し、50℃のグレスドワで芯温が35℃になるまで加熱する。

❸ ナプキンの上に取って余分な脂を取り、大きな血管を取り除く。70gずつに分割する。

❹ 塩、白こしょう、ブランデーを軽くふり、直径7.5cmのブリオシュ型に詰め、フォワグラの中にトリュフを入れる。ラップをかぶせて重しをのせ、冷蔵庫で一晩休ませる。

ブリオシュ生地を作る

❶ イーストとぬるま湯をボウルに入れ、15分ほど予備発酵させておく。

❷ ミキシングボウルにバター以外の材料をすべて入れ、フックの中速でグルテンが出るまでこねる。

❸ バターを少しずつ加えて混ぜ合わせる。

❹ ボウルに入れ、常温（20～24℃）で容積が倍量になるまで発酵させる。

❺ 冷蔵庫で一晩休ませる。生地を締めておくことで成形が容易になる。

ブリオシュを焼く

❶ ブリオシュ生地を80gと15gずつに分割し、80gのほうは2mm厚さに丸く伸ばす。15gのほうは丸める。

❷ トリュフ入りフォワグラを型からはずし、①の中央に逆さにのせる。空気が入らないよう密着させて包む。

❸ 閉じた面を底にし、直径8cmのブリオシュ型に入れる。上部を指で軽くくぼませ、球形の生地をのせる。

❹ ドリュールを刷毛で全体に塗り、ホイロに入れて20分程度最終発酵させる。

❺ 220℃のオーブンで16分焼く。

❻ 取り出したら冷風に当てながら粗熱を取り、冷蔵庫で2～3日おいて味をなじませる。

仕上げ

❶ いちじくを縦半分に切り、80℃のオーブンで3時間乾燥させてセミドライにする。

❷ シェリー・ペドロヒメネスとグラス・ド・ヴィアンドを鍋に入れ、濃度が出るまで煮詰める。塩で味を調える。

❸ フォワグラ入りブリオシュをオーブンで軽く温め、縦半分に切る。

❹ バーナーで断面に焼き色をつけ、皿に盛る。

❺ リコッタチーズにオリーブ油、塩、レモン汁を加えて味を調え、皿に盛る。

❻ セミドライいちじく、エンドウ豆の若芽を添える。ソースを流して仕上げる。

とうもろこしのスフレ・パプリカ風味

カラー写真は41ページ

材料（4人前）

とうもろこしのスフレ・パプリカ風味
- とうもろこし ……………… 1本
- 玉ねぎ ……………………… 50g
- 無塩バター ………………… 適宜
- 水 …………………………… 80g
- 中力粉 ……………………… 50g
- 塩 …………………………… 2g
- 全卵 ………………………… 3個
- パプリカパウダー ……… ひとつまみ
- 卵白 ………………………… 200g

鶏胸肉とフォワグラのバロティーヌ
- 鴨フォワグラ ……………… 200g
- グレスドワ（鷲鳥の脂） …… 適宜
- 塩、ブランデー …………… 各適宜
- 鶏胸肉 ……………………… 1枚
- パプリカパウダー ………… 適宜
- とうもろこし ……………… 適宜

作り方

スフレを作る

❶ とうもろこしを塩水に入れて中火にかけ、沸騰してから15分ほどゆでる。
❷ 芯を取り、バターを入れた鍋で玉ねぎのみじん切りと一緒に炒め煮する。
❸ 粗熱を取り、フードプロセッサーでピュレ状にし、裏漉す。
❹ 手鍋に分量の水、バター30g、中力粉、塩を入れて中火にかける。ダマにならないように木べらでよくかき混ぜ、全卵を少しずつ加える。
❺ とうもろこしのピュレ、パプリカパウダーを加えて練り混ぜ、バットにあけてさます。
❻ 8分立てにした卵白を混ぜ合わせ、バターを塗った直径10cmのココットに流し、冷凍する。

鶏胸肉とフォワグラのバロティーヌを作る

❶ フォワグラは50℃のグレスドワで芯温が35℃になるまで加熱する。
❷ ナプキンの上で余分な脂を取り、大きな血管を取り除く。
❸ 塩、ブランデーを振り、ラップで8×20cm程度のロール状に成形する。冷蔵庫で休ませる。
❹ 鶏胸肉は皮を取り、2mm厚さに切り開く。
❺ 塩、パプリカパウダーをふり、冷やしておいたフォワグラをのせて巻く。
❻ ラップで包んでロール状に成形し、70℃の湯煎で12分加熱する。
❼ 氷水に落として急冷し、冷蔵庫で休ませる。

仕上げ

❶ スフレを湯煎にかけ、250℃のオーブンで22分蒸し焼きする。
❷ とうもろこしを塩水に入れて中火にかけ、沸騰してから15分ほどゆでる。芯を取り、バーナーで炙り、ひと口大に切り分ける。
❸ 皿にとうもろこしのひげと表皮を飾り、5mm厚さの輪切りにしたバロティーヌ、とうもろこしを盛り付ける。
❹ 焼き上がったスフレをのせて供する。

サーモンのコトレット・ポジャルスキ

カラー写真は43ページ

材料（10人前）

サーモンのファルス
- タスマニアサーモン　500g
- 発酵バター　125g
- 牛乳に浸して絞ったパン　125g
- 塩、白こしょう　各適宜
- カルダモンパウダー　適宜

白身魚のムース
- 黒鯛の上身　250g
- 塩　3g
- 卵白　30g
- 38％生クリーム　300g

ソース・ジュヌヴォワーズ
- タスマニアサーモンのアラ　1尾分
- 無塩バター　適宜
- エシャロット　200g
- フュメ・ド・ポワソン　200mℓ
- 赤ワイン　1.5ℓ
- 塩　適宜
- アンチョビバター　適宜

- タスマニアサーモンの皮　適宜
- 才巻海老　10尾
- クールブイヨン　適宜
- 姫きゅうり　適宜
- 無塩バター　適宜
- シャンピニオン　30個
- キュイソン・ブラン　適宜
- 薄力粉　適宜

＊アンチョビバターは、アンチョビと無塩バターを1:4で合わせ、タミで漉したもの。
＊キュイソン・ブランは、水、塩、レモン汁、バターを混ぜ合わせたもの。

作り方

サーモンのコトレットを作る

❶ サーモンを粗く刻み、冷たいバターと牛乳に浸して絞ったパンを加えて混ぜ合わせ、フードプロセッサーでなめらかにする。塩、こしょう、カルダモンパウダーで味を調える。

❷ 冷蔵庫で寝かせ、絞り袋に入れる。

❸ 白身魚のムースを作る。黒鯛の上身と塩をフードプロセッサーにかけ、卵白を少しずつ混ぜ合わせる。

❹ 裏漉してボウルに移し、冷蔵庫で休ませる。

❺ 生クリームを少しずつ加えて混ぜ合わせ、冷蔵庫で寝かせ、絞り袋に入れる。

❻ コトレット型に2種のファルスを絞り入れる。

❼ 蒸し器で7分蒸し、粗熱を取る。型からはずしておく。

ソース・ジュヌヴォワーズを作る

❶ サーモンのアラは、目玉、えらを取り除き、バターを入れた平鍋で水分を飛ばしながらじっくり炒める。

❷ エシャロットの薄切りを加え、しんなりするまで炒めたら、フュメ・ド・ポワソンを加えて⅓量まで煮詰める。

❸ 赤ワインを加え、さらに半量まで煮詰める。

❹ シノワで漉し、味を見てさらに煮詰め、塩、アンチョビバターで味を調える。

皮のクロッカンを作る

❶ サーモンの皮を1cm幅、11cm長さに切ってオーブンシートで挟み、バットをのせて、80℃のオーブンで2時間乾燥焼きする。

仕上げ

❶ 才巻海老は殻をはずして80℃のクールブイヨンで5分ほどゆでる。

❷ 姫きゅうりは種を取り、縞模様になるように皮を一部むき、ざく切りする。溶かしバターであえる。

❸ シャンピニオンはトゥルネ形に切り、キュイソン・ブランで軽く煮る。

❹ サーモンのコトレットに薄力粉をまぶし、バターを入れたフライパンで軽く焼き色をつけて温め直す。

❺ 皮のクロッカンをコトレットの骨に見立てて刺し、チャップ花をつける。

❻ 皿にのせ、才巻海老、姫きゅうり、シャンピニオンを盛り合わせる。

❼ ソース・ジュヌヴォワーズを流して仕上げる。

モスコヴィット・アラクレーム

カラー写真は45ページ

材料（6人前）
ビーツ	1個（約300g）
赤ワイン	750㎖
グラニュー糖	150g
ハイビスカスティー	ティーバッグ2パック
ビスキュイパウダー	
卵黄	120g
グラニュー糖	120g
卵白	180g
中力粉	120g
抹茶	12g
バヴァロア	
バニラのさや	1本
牛乳	250g
卵黄	80g
グラニュー糖	100g
板ゼラチン	10g
38％生クリーム	200g
ウォッカ	20㎖
38％生クリーム	適宜
サワークリーム	適宜

作り方

ビーツの下ごしらえ

❶ 半分に切ったビーツ、赤ワイン、グラニュー糖、ハイビスカスティーを圧力鍋に入れ、沸騰後17分煮る。
❷ ビーツを取り出し、煮汁は濃度がつくまで煮詰めてソースにする。ビーツは5mm厚さに切り分け、6角形に整える。

ビスキュイパウダーを作る

❶ 卵黄にグラニュー糖半量を加えてもったりするまで泡立てる。
❷ 卵白に残りのグラニュー糖を加えしっかり固いメレンゲを泡立てる。
❸ メレンゲに❶を加え、中力粉、抹茶をふるい入れ、よく混ぜ合わせる。
❹ オーブンシートを敷いた天板の上に生地を1cm厚さに伸ばし、150℃のオーブンで45分乾燥焼きする。
❺ 粗熱が取れたらフードプロセッサーで粗い粉状にする。

バヴァロアを作る

❶ バニラは種をこそぎ取り、さやごと牛乳に加え、手鍋で沸騰させる。
❷ 卵黄とグラニュー糖をすり混ぜ、①を加える。
❸ 手鍋に戻し、80℃まで加熱する。
❹ 火からおろし、氷水で戻した板ゼラチンを加えて溶かす。シノワで漉す。
❺ 6分立てにした生クリーム、ウォッカを④に加えて混ぜ合わせる。
❻ 直径4cmのシリコン製半円型に流し、冷凍する。
❼ 表面が固まったら型から取り出し、2つを張り合わせて球形にする。

仕上げ

❶ バヴァロアを解凍し、ビスキュイパウダーを表面にまぶす。
❷ 上部を切り取って中央を丸くくり抜き、ビーツのソースを流す。
❸ 皿の上にビーツをのせ、その上にバヴァロアをのせる。
❹ 8分立ての生クリームに同量のサワークリームとビーツのソースを合わせてロゼ色のクレーム・シャンティを作り、直径1cmの丸口金でバヴァロアの左右に絞る。

オマール・クラレンス

カラー写真は51ページ

材料（30人前）
グリーンカレーペースト
（出来上がりは300g）
玉ねぎ ……………………… 2個
レモングラス ……………… 15g
こぶみかんの葉 …………… 大4枚
シナモン（細かくつぶす）… ½本
タイ生姜 …………………… 60g
ミント ……………………… 4g
水 …………………………… 適宜
無塩バター ………………… 40g
ココナッツパウダー ……… 50g
ほうれん草 ……… ゆでた状態で30g
塩、グラニュー糖、レモン汁 … 各適宜
ジャスミンライス ………… 150g
フォン・ド・ヴォライユ … 100mℓ
ココナッツミルク ………… 100mℓ
オレンジと生姜入りクールブイヨン
玉ねぎ、フェンネル、セロリ、洋ねぎ
などの香味野菜 …… 合わせて200g
水 …………………………… 1ℓ
白ワインヴィネガー ……… 少々
オレンジ皮、生姜 ………… 各少々
オマール海老 ……………… 30尾
ミント ……………………… 適宜
花クールジェット ………… 30個

作り方

グリーンカレーペーストを作る

❶ 玉ねぎは皮をむいてひと口大に切り、5回ゆでこぼして完全に臭みを取り除く。
❷ 鍋に玉ねぎ、レモングラス、こぶみかんの葉、シナモン、タイ生姜、ミントを入れ、ひたひたの水を注いでわかす。冷蔵庫で一晩寝かせる。
❸ 10～15分煮たらミキサーに入れ、バターを加えてピュレ状にする。
❹ ココナッツパウダー、ゆでて固く絞ったほうれん草を加えてさらになめらかになるまでまわし、塩、グラニュー糖、レモン汁で味を調える。

ジャスミンライスを炊く

❶ ジャスミンライス、フォン・ド・ヴォライユ、ココナッツミルクを鍋に入れ、150℃のオーブンで18～20分炊く。

オマール海老をゆでる

❶ クールブイヨン用の野菜は薄切りにし、材料をすべて鍋に入れてわかす。
❷ オマール海老は頭を落とし、クールブイヨンで3分半～4分ゆで、ミキュイの状態にする。薄皮に切れ目を入れて身が丸まるように殻から取り出す。

仕上げ

❶ ジャスミンライスにミントのみじん切り小さじ1を加えて軽く温め直す。
❷ 花クールジェットをさっとゆでて水気を取り、①を花に詰める。100℃のスチームコンベクションで1分蒸す。
❸ 皿に花クールジェット、オマール海老の身と殻を盛りつけ、グリーンカレーペースト20gを丸く流す。花クールジェットにミントの葉を飾る。

舌平目のグリル焼き、牡蠣添え

カラー写真は53ページ

材料（2人前）

牡蠣のパール（出来上がりは100g）

牡蠣	4個
牛乳	40mℓ
水	60mℓ
3％塩水	200g
シルバーパウダー	8g
ベジタブルゼラチン（SOSA社製）	5g

モリーユのクリームソース（出来上がりは300g）

エシャロット（みじん切り）	1個
無塩バター	適宜
乾燥モリーユ	50g
モリーユ（生）	150g
フォン・ド・ヴォライユ	適宜
水	適宜
38％生クリーム	70mℓ
牛乳	70mℓ
塩	適宜

シャンパンソース（出来上がりは300g）

エシャロット（薄切り）	1個
シャンピニオン（薄切り）	3個
無塩バター	適宜
シャンパン	300mℓ
フュメ・ド・ポワソン	100mℓ
ブイヨン・ド・レギューム	100mℓ
38％生クリーム	50mℓ
シャンパン（仕上げ用）	40mℓ
塩	適宜

ソース・ノルマンド（出来上がりは300g）

エシャロット（薄切り）	1個
シャンピニオン（薄切り）	3個
無塩バター	適宜
シャンパン	300mℓ
はまぐり	5個
日本酒	150mℓ
38％生クリーム	15mℓ
大豆レシチン	ひとつまみ
塩	適宜

舌平目（背側のフィレ）	400g
有塩バター	適宜
バナナ	適宜
塩	適宜

作り方

牡蠣のパールを作る

❶ 牡蠣の殻をはずし、牛乳と水で身がふっくらするまでゆでる。

❷ 液体ごとミキサーにかけてピュレにし、裏漉す。

❸ ディスペンサーに入れ、直径3mmのシリコン製半円型に流して冷凍する。

❹ 固まったら型からはずし、再度冷凍庫に入れておく。

❺ 塩水にシルバーパウダーとベジタブルゼラチンを加えて沸騰させる。

❻ ④を待ち針に刺し、⑤にくぐらせて固める。サラマンダーの端など、温かいところで温めておく。ただし70℃以上になるとゼラチンが溶けるので注意。

モリーユのクリームソースを作る

❶ 鍋にバターを入れ、エシャロットをしんなりするまで炒める。

❷ 水で戻した乾燥モリーユと生のモリーユを加えて軽く炒めたら、フォン・ド・ヴォライユと水をひたひたまで注ぎ、10分煮込む。

❸ ミキサーでなめらかなピュレ状にする。

❹ 生クリームと牛乳を加え、塩で味を調える。バーミックスで泡立てる。

シャンパンソースを作る

❶ 鍋にバターを入れ、エシャロットとシャンピニオンをしんなりするまで炒める。

❷ シャンパン300mℓを加え、ひたひた量になるまで煮詰める。

❸ フュメ・ド・ポワソンとブイヨン・ド・レギュームを合わせて加え、ひたひた量になるまで煮詰める。

❹ 生クリームを⅓量になるまで煮詰め、③に加える。シャンパン40mℓを加えて濃度を調節し、塩で味を調える。バーミックスで泡立てる。

ソース・ノルマンドを作る

❶ 鍋にバターを入れ、エシャロットとシャンピニオンをしんなりするまで炒める。

❷ シャンパンを加え、ひたひた量になるまで煮詰める。

❸ 砂抜きしたはまぐりを別鍋に入れて日本酒を注ぎ、殻が開いてだしが出るまで加熱する。

❹ ②と③の液体を混ぜ合わせ、軽く煮詰める。

❺ 生クリーム、大豆レシチンを加え、塩で味を調える。バーミックスで泡立てる。

舌平目を焼いて仕上げる

❶ 舌平目は皮をはぎ、グリル板で両面に軽く焼き色をつける。

❷ フライパンに有塩バターを溶かし、泡立ってきたところで舌平目を加え、バターをスプーンですくってかけながら、香りをまとわせる。

❸ バナナは5mm厚さの輪切りにし、バーナーで焼き色をつける。

❹ 皿に舌平目を盛りつけ、軽く塩をふる。

❺ 3種の泡ソースをそれぞれ流し、牡蠣のパールを散らす。バナナを添える。

肥鶏・タレーラン

カラー写真は54ページ

材料（タンバル1皿分）

鶏ムース（出来上がりは約400g）
鶏胸肉 150g
全卵 1個
38％生クリーム 200g
塩 適宜

ヨモギのニョッキ（出来上がりは約800g）
じゃがいも（メークイン） 500g
強力粉 150g
全卵 1.5個分
ヨモギパウダー 25g

ジュ・ド・プーレ（出来上がりは約100ml）
鶏ガラ 1kg
玉ねぎ ¼個
にんじん ¼本
ピュア・オリーブ油 適宜
セロリ 5cm分
にんにく 3片
水 適宜
フォン・ド・ヴォー 適宜
コニャック 20～30ml
マデラ酒 50～70ml
ジュ・ド・トリュフ 大さじ1
無塩バター 5g
塩、白こしょう 各適宜

トリュフピュレ
エシャロット 1個分
無塩バター 適宜
黒トリュフ 40～50g
フォン・ド・ヴォライユ 100ml
ルビーポルト酒 50～70ml
塩、白こしょう 各適宜

丸鶏（プーラルド） 1羽
ピュア・オリーブ油 適宜
塩 適宜
鴨フォワグラ 60g
黒トリュフ 適宜
パセリ、ローリエ、サリエット 各適宜

作り方

鶏ムースを作る

❶ 鶏肉と全卵をロボクープにかけてなめらかにし、生クリームを少しずつ加える。塩で味を調える。

ヨモギのニョッキを作る

❶ じゃがいもはゆでて裏漉す。

❷ すべての材料をよくこねる。

❸ 2cm程度に丸め、スプーンの背を押しつけてやや平たくする。

❹ 塩水で3分ゆでる。

ジュ・ド・プーレを作る

❶ 鶏ガラを掃除し、ぶつ切りにする。玉ねぎ、にんじんはひと口大に切る。

❷ オリーブ油を入れた鍋で鶏ガラを炒め、色づいたらにんにく、玉ねぎ、にんじん、セロリを加えてさらに炒める。

❸ きつね色になったら水をひたひたまで注ぎ、フォン・ド・ヴォーを加える。

❹ 沸騰したら弱火にし、アクを引き、水分が減ったら適宜水を足しながら1時間煮る。

❺ シノワで漉し、¹/₁₀量まで煮詰める。

❻ コニャックとマデラ酒を別鍋で水分がほとんどなくなるまで煮詰める。

❼ ❺に❻を加え、軽く煮詰めて濃度を調節する。

❽ ジュ・ド・トリュフを加えて混ぜ合わせ、冷たいバターを鍋をゆすりながら溶かし込む。塩、こしょうで味を調える。

トリュフピュレを作る

❶ エシャロットは薄切りにし、バターでしんなりするまで炒める。

❷ ざく切りにしたトリュフ、フォン・ド・ヴォライユを加え、トリュフが柔らかくなるまで煮る。ミキサーでピュレにする。

❸ ルビーポルト酒を水分がほとんどなくなるまで煮詰める。

❹ ❸を❷に加え、軽く煮詰めて濃度を調節し、塩、こしょうで味を調える。

仕上げ

❶ 丸鶏は手羽と骨がついた胸肉の状態にし、真空にかけて60℃のコンベクションオーブンで50～60分加熱する。

❷ 軽く塩をふり、オリーブ油を入れた鍋で、皮面を香ばしく焼き上げる。

❸ フォワグラは大きな筋などをはずし、オリーブ油を敷いたフライパンで表面を焼き固め、サラマンダーの遠火で中までじっくり温める。

❹ 鶏肉の片胸を取り出して皮をはずし、鶏ムースを上面に薄く塗る。

❺ 直径5mmの丸形で抜いた黒トリュフ、1.5cm角に切ったフォワグラのポワレ、ヨモギのニョッキを隙間なくのせ、100℃のコンベクションオーブンで2分焼いてムースに火を通す。

❻ ❷の鶏肉に❺を戻し、銀皿に盛りつけ、パセリ、ローリエ、サリエットをたっぷり飾って仕上げ、供する。

❼ 小皿に盛り直すさいに、ジュ・ド・プーレとトリュフピュレを添えて供する。

レチュ・骨髄添え

カラー写真は49ページ

材料（15人前）
牛骨髄 ·································· 60〜70g
ロメインレタス ························ 2枚
フォン・ド・ヴォライユ ········ 100㎖
水 ·· 100㎖
ベーコン（スライス）············· 2枚
にんにく ······························· 1片
塩、白こしょう ·················· 各適宜
牛の生ハム ···························· 40g
黒トリュフ ···························· 10g
フォワグラ脂 ······················ 適宜
マルトセック ······················ 適宜
粗く砕いた黒粒こしょう········· 適宜

＊牛の生ハムは、和牛のもも肉に5％の
　塩をふり、2週間冷蔵庫で乾かしたも
　の。
＊フォワグラ脂は、フォワグラを炭火焼
　きしたときに出た脂。燻香がある。

作り方

❶　牛骨髄は水にさらして一晩血抜きする。

❷　ロメインレタスをフォン・ド・ヴォライユ、水、ベーコン、にんにく、塩、こしょうを入れた鍋で弱火で5〜7分煮る。食感は残しながら芯まで火を通す。

❸　水分を拭き取ってラップの上に1枚を広げる。牛の生ハムをたたき伸ばして上にのせ、2枚目のレタスをかぶせる。

❹　薄切りにしたトリュフを並べて巻き、冷蔵庫で冷やし固める。

❺　牛骨髄を3〜4㎜厚さに切り分け、塩を軽くふってサラマンダーの遠火でじっくり焼く。

❻　牛骨髄の一部を鍋で溶かし、同量のフォワグラ脂を加えて混ぜ合わせる。塩、こしょうで味を調え、マルトセックでパウダーにする。

❼　④を7㎜厚さに切り分け、スプーンにのせる。

❽　焼いた牛骨随を半分に切って⑦の上にのせる。パウダーをまわりにふり、牛骨随の上に粗く砕いた黒粒こしょうをふって仕上げる。

シャンパンの サバイヨン

材料（出来上がりは約200㎖）
卵黄 ······································· 1個
シャンパン ··························· 30㎖
澄ましバター ······················ 150g
シャンパン（仕上げ用）········ 10㎖
塩 ··· 適宜

作り方
❶　卵黄とシャンパンを混ぜ合わせて湯煎にかけ、泡立て器でもったりするまで混ぜる。

❷　澄ましバターを溶かし込んでさらにかき立て、シャンパン10㎖を加えて香りづける。塩で味を調える。

ジュ・ド・ピジョノー

材料（出来上がりは約100㎖）
エシャロット（みじん切り）····· 1個
にんにく（みじん切り）··········· 2片
ピュア・オリーブ油 ··············· 適宜
仔鳩ガラ ···························· 3羽分
水 ··· 適宜
フォン・ド・ヴォー ·········· 大さじ1
塩 ··· 適宜
スターアニス ························· 2個

作り方
❶　エシャロットとにんにくをオリーブ油を敷いた鍋で炒め、香りが立ったらガラを加えて色づくまで炒める。

❷　ひたひたの水を注ぎ、フォン・ド・ヴォーを加えて濃度が出るまで煮詰める。

❸　塩で味を調え、スターアニスを加えて蓋をし、5分程度おいて香りを移す。

仔鳩のタンバル・ラファイエット

カラー写真は61ページ

材料（6人前）

アメリケーヌソース
（出来上がりは500〜600mℓ）

エクルヴィス、オマール海老などの 頭と殻	合わせて2kg
ピュア・オリーブ油	適宜
玉ねぎ	1½個
にんじん	1本
セロリ	1本
洋ねぎ	½本
エストラゴン	20g
水	3ℓ
フュメ・ド・ポワソン	2ℓ
フォン・ド・ヴォライユ	1ℓ
トマトコンサントレ	50g
38％生クリーム	適宜
塩	適宜

マカロニの器

マカロニ	250g
牛乳	適宜
フォン・ド・ヴォライユ	適宜
ピュア・オリーブ油	適宜
鶏ムース（127ページ参照）	適宜

仔鳩とエクルヴィスのクロケット（20個分）

仔鳩もも肉	3羽分
エクルヴィスの爪肉	20尾分
玉ねぎ（みじん切り）	½個
無塩バター	適宜
じゃがいも（メークイン）	1個
アメリケーヌソース	少々
全卵、薄力粉、目の細かいパン粉	各適宜
サラダ油	適宜
シャンピニオン	6個
レモン汁、無塩バター、塩、白こしょう	各適宜
仔鳩胸肉	3羽分
エクルヴィス	18尾
黒トリュフ	適宜
セルフィユ	適宜

作り方

アメリケーヌソースを作る

❶ オリーブ油を入れた鍋を中火にかけ、エクルヴィスと海老のガラを炒める。

❷ 色づいてきたら、ひと口大に切った玉ねぎ、にんじん、セロリ、洋ねぎ、エストラゴンを加えてさらに野菜が色づくまで炒める。

❸ 水、フュメ・ド・ポワソン、フォン・ド・ヴォライユ、トマトコンサントレを加え、アクを取り除きながら弱火で3時間煮込む。

❹ シノワで漉し、⅓量まで煮詰める。クロケットの味つけに使うので、少量を別にとっておく。

❺ ❹と同量の生クリームを加え、軽く煮詰めて濃度を調節し、塩で味を調える。

マカロニで器を作る

❶ マカロニは同量の牛乳とフォン・ド・ヴォライユで8分ゆでる。仕上げでさらに火が入るので、ここでは固めに上げる。

❷ ザルに上げたら、すばやくバットに並べる。1本ずつ密着させ、押しつけながら並べること。4cm長さに切り揃える。

❸ 直径21cmのセルクルの内側にオリーブ油を塗り、タンバルの中央にのせる。マカロニを内側の側面にぴったりと敷き詰める。

❹ 鶏ムースを内側に薄く塗り、82℃のスチームコンベクションで3分加熱してムースに火を入れる。さましておく。

仔鳩とエクルヴィスのクロケットを作る

❶ 鳩もも肉を細挽きにし、エクルヴィスの爪肉と混ぜ合わせる。

❷ 玉ねぎをバターで甘味が出るまでよく炒める。

❸ じゃがいもは皮つきのままゆで、皮をむいて裏漉す。②と混ぜ合わせる。

❹ ①にアメリケーヌソースを加えて味つけ、5gずつ丸める。

❺ ④を③で包み、直径3cm程度の球形にする。

❻ 溶き卵、薄力粉、パン粉に順にくぐらせてパン粉を2度づけし、180℃のサラダ油で2分揚げる。

仕上げ

❶ シャンピニオンはトゥルネ形に飾り切りし、レモン汁、バター、水、塩、こしょうを合わせた液体で10分ゆでる。

❷ 鳩胸肉は120℃のオーブンで15分焼き、皮をはずす。軽く塩をふり、真ん中に切り込みを入れて折りたたむ。

❸ エクルヴィスは生きたまま5分ゆで、頭、殻、背わたを取り除く。

❹ 黒トリュフは薄切りにし、直径1cm、7mm、3mmの丸抜き型で抜く。

❺ 鳩胸肉にエクルヴィスとトリュフを交互に並べ、トリュフの上にセルフィユを飾る。

❻ マカロニからセルクルをはずし、⑤を内側に等間隔に放射状に並べ、間にシャンピニオンとクロケットを盛りつける。

❼ アメリケーヌソースをバーミックスで泡立て、鳩胸肉の間を埋めるように流す。

❽ 小皿に盛りつけるときは、マカロニにシャンパンのサバイヨン（128ページ）を塗り、サラマンダーの中火で焼き色をつけ、鳩胸肉1枚分、シャンピニオン、クロケットと一緒に盛り合わせる。アメリケーヌソース以外にジュ・ド・ピジョノー（128ページ）も流し、丸ごとゆでたエクルヴィスを殻つきのまま添える。

ペッシュ・アンペラトリス

カラー写真は59ページ

材料（25人前）
桃のムースグラッセ
　卵白（イタリアンメレンゲ用）…… 70g
　グラニュー糖（イタリアンメレンゲ用）
　　　　　　　　　　　　　　　　35g
　トレモリン（イタリアンメレンゲ用）
　　　　　　　　　　　　　　　　35g
　白桃ピュレ　　　　　　　　　 300g
　桃リキュール　　　　　　　　 20ml
　バニラビーンズ　　　　　　　 ¼本分
　ナッツのキャラメリゼ（ヘーゼルナッツ、
　ピスターシュ、アーモンド）… 各40g
　ドゥミセックのアプリコット
　　　　　　　　　　　　　　　 100g
　38％生クリーム（8分立て）…… 130g
白桃のシロップ漬け
　水　　　　　　　　　　　　　　 1ℓ
　エストラゴン　　　　　　　　　 30g
　グラニュー糖　　　　　　 100〜200g
　白桃　　　　　　　　　　　　 6個分
アングレーズソース
　卵黄　　　　　　　　　　　　　 1個
　グラニュー糖　　　　　　　　　 20g
　牛乳　　　　　　　　　　　　 150ml
リ・オ・レ
　ジャスミンライス　　　　　　　 50g
　牛乳　　　　　　　　　　　　 400g
　グラニュー糖　　　　　　　　　 20g
　レモン皮　　　　　　　　　　　 適宜
　アングレーズソース　　　　　　 適宜
シャンパンのサバイヨン
　卵黄　　　　　　　　　　　　　 2個
　グラニュー糖　　　　　　　　　 40g
　シャンパン　　　　　　　　　 160ml
　生クリーム（8分立て）　　　　 30g
オパリーヌ（板状の飴）
　水飴　　　　　　　　　　　　 150g
　フォンダン・パティシエール … 150g
白桃　　　　　　　　　　　　　　 6個
野いちご、ナスタチウム　　　 各適宜
粉糖、食紅　　　　　　　　　　 各適宜

＊ナッツのキャラメリゼは、ローストし
　たナッツにシロップをからめて炒めた
　もの。

作り方

桃のムースグラッセを作る

❶ 卵白にグラニュー糖の一部を加え
て、しっかり固く泡立てる。

❷ 残りのグラニュー糖とトレモリンを
117℃まで煮詰めてシロップを作る。

❸ ①を泡立てながら少しずつシロッ
プを加え、きめ細かいメレンゲを立てる。

❹ 白桃ピュレと桃リキュールを混ぜ
合わせ、バニラビーンズ、細かく砕い
たナッツのキャラメリゼ、みじん切りに
したアプリコットを加えて混ぜ合わせ
る。

❺ 8分立ての生クリームを混ぜ合わ
せ、バットに流して平らにならし、冷
凍庫で冷やし固める。

白桃のシロップ漬けを作る

❶ 水、エストラゴン、グラニュー糖
をわかしてさまし、シロップを作る。グ
ラニュー糖の量は、白桃の糖度に合わ
せて調節する。

❷ 白桃は皮をむいてひと口大に切り、
皮も一緒にシロップに一晩漬ける。

アングレーズソースを作る

❶ 卵黄とグラニュー糖を白っぽくな
るまですり混ぜ、沸騰直前まで温めた
牛乳を少しずつ注いで混ぜ合わせる。

❷ 鍋に戻し、常にかき混ぜながらと
ろみがつくまで加熱する。ボウルに移
して氷水で冷やす。

リ・オ・レを作る

❶ ジャスミンライス、牛乳、グラ
ニュー糖を鍋に入れ、米が柔らかくなる
まで煮る。

❷ レモン皮を削り入れたら氷水に当
てて冷やし、温度が下がったところで
重量の⅔量のアングレーズソースを混
ぜ合わせる。

シャンパンのサバイヨンを作る

❶ 卵黄とグラニュー糖を白っぽくな
るまですり混ぜる。

❷ シャンパンを混ぜ合わせて湯煎に
かけ、泡立て器でもったりするまで混
ぜる。

❸ 火からはずして氷水で冷やし、完
全にさめたら生クリームを混ぜ合わせ
る。

桃形のオパリーヌを作る

❶ 材料を鍋に入れて溶かし、154℃
まで温度を上げる。

❷ シルパットに流して固め、はがし
てミルサーで粉末にする。

❸ シルパットの上に桃型を置き、茶
漉しで均一にふりかける。

❹ 180℃のオーブンに2分入れて溶か
し、冷やし固める。シルパットからはが
す。

盛りつけ

❶ 桃のムースグラッセを5cm四方の
正方形にカットする。

❷ オパリーヌ2枚で桃のムースグラッ
セを挟む。

❸ 皿にリ・オ・レを盛りつけ、②を
中央に立たせる。

❹ ひと口大に切った生の白桃、白桃
のシロップ漬けを2片ずつのせ、シャン
パンのサバイヨンを流す。

❺ 野いちごとナスタチウムを飾り、
食紅で色づけたピンクの粉糖と白い粉
糖を茶漉しでふる。

Tokyo kaikan atsumoto Hiroyuki

ドーバー産舌平目の洋酒蒸しボンファム
フランス産サマートリュフとオーストラリア産黒トリュフのパートヌイユ添え

カラー写真は65ページ

材料（2人前）

ソース・ヴァンブラン
（出来上がりは10〜12人前）
- シャンピニョン ……… 20個
- エシャロット ……… 3個
- 玉ねぎ ……… 1個
- 白ワイン ……… 1本
- ノイリー酒 ……… ⅓本
- フュメ・ド・ポワソン ……… 350mℓ
- 45％生クリーム ……… 500mℓ
- 塩 ……… 適宜
- グラス・ド・サンジャック ……… 100mℓ
- ソーテルヌ ……… 適宜

ソース・オランデーズ
（出来上がりは10〜12人前）
- エシャロット（細かく刻む） ……… 5g
- パセリの茎（みじん切り） ……… 1〜2cm分
- エストラゴン（みじん切り） ……… 1〜2cm分
- 白ワイン ……… 20mℓ
- 卵黄 ……… 1個
- 澄ましバター ……… 90g

プルプ・ド・シトロン
（出来上がりは約20人前）
- レモン ……… 5〜6個

パート・ヌイユ
- 強力粉 ……… 100g
- 全卵 ……… 50g
- 塩 ……… 少々
- 溶かしバター、トリュフ油 ……… 各適宜
- 黒トリュフ、サマートリュフ ……… 各適宜
- シブレット ……… 適宜
- セップ茸 ……… 12個
- 塩、レモン汁、クルミ油 ……… 各適宜
- ピュア・オリーブ油 ……… 適宜
- 舌平目 ……… 1尾
- エシャロット（細かく刻む） ……… 5g
- シャルドネ ……… 15mℓ
- ソーテルヌ ……… 15mℓ
- フュメ・ド・ポワソン ……… 60mℓ
- 塩、白こしょう ……… 各適宜

作り方

ソース・ヴァンブランを作る

❶ シャンピニョン、エシャロット、玉ねぎはそれぞれ薄切りにして鍋に入れ、白ワインとノイリー酒を加えて水分がほぼなくなるまで煮詰める。

❷ フュメ・ド・ポワソンを加えてしっかり濃度がつくまで煮詰め、生クリームを加えて⅔量になるまで煮詰める。グラス・ド・サンジャック、塩、ソーテルヌで味を調え、寒冷紗で漉す。

ソース・オランデーズを作る

❶ エシャロット、パセリの茎、エストラゴンに白ワインを加え、水分がなくなるまで煮詰める。

❷ 卵黄を加えて湯煎にかけ、泡立て器でかき混ぜながらもったりととろみがつくまで加熱する。

❸ 澄ましバターを少しずつ加えて乳化させる。寒冷紗で漉す。

プルプ・ド・シトロンを作る

❶ レモンは皮をむき、果肉をカルチェに切る。

❷ 平鍋に入れ、180℃のオーブンで30分ほど加熱する。

❸ ほぼ水分がなくなったら裏漉し、なめらかなピュレ状にする。

付け合わせを作る

❶ パート・ヌイユを作る。強力粉、全卵、塩を混ぜ合わせ、一晩寝かせ、軽くこねて薄く伸ばし、5mm幅に切る。

❷ 塩ゆでし、溶かしバターとトリュフ油をからめる。

❸ 皿に盛り、薄切りにして丸口金で抜いた黒トリュフとサマートリュフ、シブレットを散らす。

❹ セップ茸は少量の塩水で蒸し煮する。

❺ セップ茸を取り出し、煮汁にレモン汁とクルミ油を加えて煮詰める。

❻ オリーブ油を敷いた鍋でセップ茸の断面に焼き色をつける。❺のソースをからめて皿に盛る。

仕上げ

❶ 舌平目は3枚におろし、1人前120gずつに切り分け、プルプ・ド・シトロンを裏側に薄く塗る。3つ折りにして、クッション形にする。

❷ エシャロット、シャルドネ、ソーテルヌ、フュメ・ド・ポワソン、塩、こしょうを鍋に入れ、舌平目を入れて弱火で4〜5分程度ゆっくり火を入れる。

❸ 舌平目に火が入ったら取り出し、液体はとろみがつくまで煮詰め、シノワで漉す。

❹ ソース・ヴァンブランに❸の煮汁全量と、ソース・オランデーズ大さじ2〜3を混ぜ合わせる。

❺ 皿に舌平目をのせ、❹を流す。サラマンダーの強火で一気に焼き色をつける。ソースが沸騰しないように表面を焼く。

❻ パート・ヌイユとセップ茸を添えて供する。

オマールブルーのグラタン　テルミドール仕立て

カラー写真は67ページ

材料（2人前）

クール・ブイヨン

玉ねぎ	1/5個
にんじん	1/5本
セロリ	1/5本
水、白ワインヴィネガー、白ワイン	各適宜
ローリエ	1枚
オマール海老	1尾
無塩バター	適宜

ソース・モルネ

有塩バター	10g
強力粉	10g
牛乳	180㎖
エダムチーズ	15g
パルミジャーノ・レッジャーノ	15g
ソース・オランデーズ（131ページ参照）	20g
粉和がらし	大さじ1
コライユバター	20g
シャンピニオン	適宜
オマール海老のガラ	適宜
コニャック、白ワイン	各適宜
エダムチーズ、パルミジャーノ・レッジャーノ、細かいパン粉	各適宜
パセリ	適宜
サラダ油	適宜
コリアンダー、セルフィユ、ルッコラ	各適宜

＊粉和がらしは水で練っておく。

作り方

クール・ブイヨンを作る

❶　玉ねぎ、にんじん、セロリはそれぞれ薄切りにして鍋に入れる。

❷　水8に対し、白ワインヴィネガー1、白ワイン1の割合で混ぜ合わせた液体を全体がしっかりかぶる程度に注ぎ、ローリエを加えて20分煮込む。液体は漉さず、オマール海老をゆでるときは野菜入りで使用する。

オマール海老をゆでてコライユバターを作る

❶　オマール海老は生きたままクール・ブイヨンで1分ゆでる。

❷　ミキュイの状態で取り出し、半分に割る。砂のうをはずし、コライユと尾の身、爪の身を取り出す。

❸　コライユは同量のバターと混ぜ合わせ、ラップで包んで棒状に成形し、冷蔵庫で冷やし固める。

ソース・モルネを作る

❶　ベシャメルソースを作る。有塩バターを溶かし、強力粉を色づけないように炒める。

❷　牛乳を少しずつ加えて混ぜ合わせ、粉っぽさがなくなり、とろみがつくまで煮る。

❸　②にエダムチーズ、パルミジャーノ・レッジャーノ、ソース・オランデーズ、和がらしを混ぜ合わせて軽く煮て味をなじませる。コライユバターを溶かし込み、牛乳で濃度を調整する。

仕上げ

❶　みじん切りにしたシャンピニオンをバターで炒め、香りが立ってきたらオマール海老のガラを加えて香ばしく炒める。

❷　固形物を取り出し、コニャック、白ワインを鍋に加えて鍋肌にこびりついたうま味をこそげ、ソース・モルネを少々加えてなじませる。

❸　②をソース・モルネに戻して混ぜ合わせ、絞り袋に入れる。

❹　オマール海老の殻に身を戻し、爪の身を頭部分に詰める。

❺　ソース・モルネを上面にたっぷり絞り出し、エダムチーズ、パルミジャーノ・レッジャーノを削りかけ、パン粉をふる。澄ましバターを上面にたらす。

❻　網にのせ、サラマンダーの中火でまんべんなく焼き色をつける。

❼　パセリは170℃のサラダ油で素揚げする。

❽　皿にコリアンダー、セルフィユ、ルッコラをたっぷり盛り、オマール海老をのせる。パセリの素揚げを飾って仕上げる。

グラス・ド・サンジャック

材料（出来上がり100㎖）

ホタテ貝のひも	1.5kg
玉ねぎ	1個
ノイリー酒	100㎖
白ワイン	100㎖
水	適宜
塩	少々

作り方

❶　ホタテ貝のひもをぬめりがなくなるまで洗う。玉ねぎは薄切りにする。

❷　鍋にすべての材料を入れ、水をひたひたまで注いで中火にかける。

❸　アクをすくいながら、弱火で20分ほど煮込み、とろみが出るまで煮詰め、シノワで漉す。

le vin quatre *Kitano Tomokazu*

～ サクラマスのクネル ～

カラー写真は71ページ

材料（約20人前）

サワガニのソース・ナンチュア
サワガニ ……………………… 2kg
ピュア・オリーブ油 ………… 適宜
玉ねぎ ………………………… 1個
にんじん ……………………… 1本
セロリ ………………………… 1本
にんにく ……………………… 3片
コニャック …………………… 50㎖
白ワイン ……………………… 300㎖
トマトホール缶 ……………… 100g
水 ……………………………… 2ℓ
無塩バター …………………… 20g
ベシャメルソース ………… 大さじ1
塩 ……………………………… 適宜

サクラマスのクネル
サクラマス ……………… 約600g
塩、白こしょう …………… 各適宜
卵白 …………………………… 50g
42％生クリーム ……………… 200㎖
酢漬けケッパー ……………… 適宜

黒米のフリット
黒米 …………………………… 200g
もち米粉 ……………………… 200g
サラダ油 ……………………… 適宜

キヌアのサラダ
キヌア ………………………… 適宜
レモン汁 ……………………… 適宜
エクストラバージン・オリーブ油
………………………………… 適宜
塩、ミニリーフ …………… 各適宜

枝豆ハーブパウダー
ディル、枝豆、塩昆布 …… 各適宜
サワガニ ……………………… 適宜
サラダ油 ……………………… 適宜

＊ベシャメルソースは、バター30gを
溶かして薄力粉30gを炒め、牛乳
500㎖で伸ばして作る。

作り方

サワガニのソース・ナンチュアを作る

❶ サワガニに毎日水をかえながら常温におき、3日かけて泥抜きする。

❷ オリーブ油を入れた鍋にサワガニを入れ、つぶしながら炒める。

❸ 鍋が色づいてきたら、薄切りにした玉ねぎ、にんじん、セロリ、にんにくを加え、野菜が色づくまでさらによく炒める。

❹ コニャック、白ワインを順に入れてアルコールを飛ばし、トマトホール、水を加えて沸騰させる。

❺ アクを引き、弱火で500㎖まで煮詰める。

❻ 200㎖を取ってさらに半量まで煮詰め、バター、ベシャメルソースを加えて溶かし込み、濃度をつける。塩で味を調える。

サクラマスのクネルを作る

❶ サクラマスは3枚におろし、塩、こしょうをまぶし、8時間マリネする。

❷ 水気を拭き取り、血合いを取り除いたらロボクープにかけ、卵白、生クリームを加えてなめらかなムース状にする。刻んだケッパーを加える。

❸ 2％の塩水を軽くわかし、クネル形に整えてゆでる。時間の目安は、クネルが浮き上がってから2分ほど。

黒米のフリットを作る

❶ 黒米は200gに対し、水800㎖で煮込む。黒米は固いので、水量をキープしながら40～50分しっかり炊く。ザルに上げ、煮たときの液体は残しておく。

❷ 黒米にもち米粉を混ぜ合わせ、煮たときの液体を加え、足りなければ適宜水を加えて全体がつながるまで混ぜ合わせる。

❸ 耐熱ボウルに移し、700Wのレンジに8分かける。

❹ もち状になるまでよく練り、直径12㎝のセルクルに全量入れる。粗熱が取れたら、冷蔵庫で冷やし固める。

❺ 5㎜厚さの輪切りにし、網にのせてプラックの温かいところで1～2日乾燥させる。

❻ 150℃のサラダ油で揚げ、よくふくらんだら取り出して油を切り、適当な大きさに切る。

仕上げ

❶ キヌアを塩ゆでし、水気を切ってよく冷やす。

❷ レモン汁とオリーブ油であえ、塩で味を調える。ミニリーフをからめる。

❸ ディル、ゆでた枝豆、塩昆布を4:4:1の割合で混ぜ合わせ、乾燥機で完全に乾燥させる。ミルサーでパウダーにする。

❹ サワガニを180℃のサラダ油で素揚げする。

❺ 皿にクネルとキヌアのサラダを盛りつけ、クネルのひとつに黒米のフリットをかぶせる。

❻ 黒米のフリットを小さく割って散らし、ソース・ナンチュアを流す。サワガニの素揚げを飾り、枝豆ハーブパウダーをふる。

牛セルヴェルのマトロット

カラー写真は73ページ

材料（約8人前）
牛セルヴェル	240g
赤ワインのクール・ブイヨン	
赤ワイン	1.5ℓ
にんにく	1株
玉ねぎ	1個
にんじん	1本
セロリ	2本
白粒こしょう	適宜
塩	適宜
牛コンソメ	200mℓ
板ゼラチン	21g
マリナード	
赤紫蘇	200g
塩	大さじ4
白ワインヴィネガー	400mℓ
赤ワインヴィネガー	200mℓ
ペコロス、カリフラワー	各適宜
ブロッコリー、パプリカ、ヤングコーン	各適宜
ピュア・オリーブ油	適宜
塩	適宜
シャンピニオン	適宜
レモン汁	適宜
エディブルフラワー	適宜

作り方

マトロット・ド・セルヴェルを作る

❶ 赤ワインを沸騰させ、横半分に切ったにんにく、薄切りにした玉ねぎ、にんじん、セロリ、白粒こしょうを加える。やや強めの火加減でアルコールを飛ばしながら15分煮込み、軽く塩を加えて味を調える。

❷ セルヴェルを加え、煮立たせないように弱火で12〜13分ゆでる。粗熱が取れたら、冷蔵庫で液体ごと一晩冷やす。

❸ セルヴェルを取り出し、シノワで漉す。

❹ 液体500mℓに対し、コンソメ200mℓを加えて温め、水で戻したゼラチンを溶かす。

❺ 冷やして濃度がついてきたらセルヴェルを加え、とい型に流し入れて固める。

野菜のマリネを作る

❶ マリナードを作る。赤紫蘇の葉を塩でもみ込み、白ワインヴィネガー、赤ワインヴィネガーを加え、紫蘇の色が出るまでおく。

❷ ペコロスとカリフラワーをそれぞれ塩ゆでし、❶のマリナードで一晩漬ける。

仕上げ

❶ ブロッコリー、パプリカ、ヤングコーンはそれぞれ塩ゆでし、ひと口大に切り分ける。

❷ ブロッコリーの一部はミキサーがまわる程度のオリーブ油と一緒にミキサーでなめらかなピュレにし、塩で味を調える。

❸ シャンピニオンは薄切りにし、レモン汁にくぐらせる。

❹ マトロット・ド・セルヴェルを1.5cm幅に切り分け、皿に2個のせる。

❺ 調理した野菜を盛りつけ、ブロッコリーピュレを絞る。エディブルフラワーを散らす。

エイ・焦がしバター

カラー写真は75ページ

材料（約10人前）
クール・ブイヨン
　水 ……………………………… 1.5ℓ
　にんにく ……………………… 1株
　玉ねぎ ………………………… 1個
　にんじん ……………………… 1本
　セロリ ………………………… 2本
　白粒こしょう ………………… 適宜
　塩 ……………………………… 適宜
赤エイ …………………… フィレ1枚分
キャベツ ………………………… 200g
フォン・ド・ヴォー …………… 100mℓ
トマト …………………………… 10g
酢漬けケッパー ………………… 5g
バゲット ………………………… 適宜
無塩バター ……………………… 適宜
シェリーヴィネガー …………… 適宜
塩 ………………………………… 適宜
マルトセック …………………… 適宜
レモン、パセリ ……………… 各適宜

作り方

エイの下ごしらえ

❶ 鍋に水、横半分に切ったにんにく、薄切りにした玉ねぎ、にんじん、セロリ、白粒こしょうを加えて15分煮込み、軽く塩を加えて味を調える。シノワで漉す。

❷ クール・ブイヨンをわかし、エイを加えたら火からはずして余熱で火を通す。

❸ さめたらエイを取り出し、冷蔵庫で一晩寝かし、骨からはずす。

エイを調味する

❶ キャベツを塩ゆでし、一部を取り分ける。残りはせん切りにする。取り分けたものはプラックの上で完全に乾かす。

❷ 身をほぐしたエイに、フォン・ド・ヴォー、キャベツのせん切り、さいの目に切ったトマト、ケッパーを混ぜ合わせる。

仕上げ

❶ バゲットは5mm角に切り、澄ましバターでかりっとするまで揚げ焼きにする。

❷ シェリーヴィネガーをふりかけ、プラックの上で乾燥させる。

❸ 皿にエイを盛りつけ、乾燥させたキャベツで全体を覆う。

❹ 焦がしバターに塩とマルトセックを加えてパウダー状にする。

❺ クルトン、5mmサイズに切ったレモンの果肉を散らし、刻んだパセリと焦がしバターのパウダーをふりかける。

仔牛ロニョンのクルート

カラー写真は77ページ

材料（4人前）

ケンネ脂のパート
- ケンネ脂　125g
- ぬるま湯　200ml
- 薄力粉　225g
- 強力粉　225g
- 塩　15g
- 竹炭　50g
- 全卵　1個

- ロニョン　200g
- 塩、黒こしょう　各適宜

ファルス
- 黒毛和牛もも肉（粗挽き）　200g
- 塩、黒こしょう　各適宜
- エシャロット（みじん切り）　1/2個分

シャンピニョンのクリームソース
- 白ワイン　500ml
- エシャロット（薄切り）　5個
- 水　200ml
- シャンピニョン（薄切り）　8個
- 無塩バター　20g
- フォン・ド・ヴォー　150ml
- 42％生クリーム　100ml
- 無塩バター（モンテ用）　20〜30g
- レモン汁、塩　各適宜

- グリーンアスパラガス、オクラ、スナップエンドウ、ミニにんじん、そら豆、紅芯大根、紅しぐれ大根、紅くるり大根、紫大根、ラディッシュ　各適宜

作り方

生地を作る

❶ ケンネ脂を溶かし、熱いうちにぬるま湯を合わせておく。

❷ 薄力粉、強力粉、塩、竹炭を別に混ぜ合わせる。

❸ ②に①を合わせてこね、まとまってきたら全卵を加える。こねすぎず、まとまったところでやめ、一晩寝かせる。

ロニョンを包んで焼く

❶ ロニョンはケンネ脂と尿管をはずし、脱水シートで挟んで真空にかけ、一晩寝かせる。脱水シートにはアンモニア臭を取り除き、うま味を残す効果がある。

❷ 生地で包める程度の大きさに切り分け、塩、こしょうをする。

❸ ファルスの材料をすべて混ぜ合わせてファルスを作る。

❹ ロニョンの凹凸面を埋めるようにファルスを張りつけ、直径5cm、高さ6cmの円柱形に整える。ラップで包んで冷やしておく。

❺ 生地を4等分し、3mm厚さの正方形に伸ばす。直径6cmのセルクルで抜く。側面用は④のサイズに合わせて長方形に切る。

❻ ④を生地でぴったりと包み、オーブンシートを巻く。セルクルを2個はめ、パイ皿にのせる。冷蔵庫で生地を締める。

❼ 230℃のオーブンで8分焼き、余熱でさらに5分火を入れる。

シャンピニョンのクリームソースを作る

❶ 白ワインとエシャロットを鍋に入れ、液体が1/4量になるまで煮詰める。シノワで漉し、液体と固体に分ける。

❷ エシャロットのほうに水を加え、半量まで煮詰める。シノワで漉し、液体を①の白ワインに加える。

❸ シャンピニョンをバターを入れた鍋で炒め、色づいたら②を加える。1/3量まで煮詰める。

❹ フォン・ド・ヴォーを加えてわかし、アクを取り除いたら1/3量まで煮詰め、生クリームを加えて濃度がつくまでさらに煮詰める。

❺ 鍋をゆすりながらバターを溶かし込み、レモン汁、塩で味を調える。

仕上げ

❶ グリーンアスパラガス、オクラ、スナップエンドウ、ミニにんじん、そら豆、紅芯大根、紅しぐれ大根、紅くるり大根、紫大根はそれぞれ塩ゆでにする。オクラ、スナップエンドウ、ミニにんじんはひと口大に切り、大根類は薄切りにする。ラディッシュは生のまま薄切りにする。

❷ グリーンアスパラガスを縦に薄切りにする。皿にセルクルをのせて野菜を盛りつけ、セルクルをはずしてグリーンアスパラガスをまわりに巻く。

❸ ロニョンのクルートをのせ、ソースをクルートのまわりに流す。

仔鳩とプチポワ

カラー写真は79ページ

材料（1人前）

仔鳩 ……………………………… 1羽

ジュ・ド・ピジョノー

　仔鳩ガラ ……………………… 1羽分
　ピュア・オリーブ油 ………… 適宜
　にんじん ……………………… 適宜
　玉ねぎ ………………………… 適宜
　セロリ ………………………… 適宜
　にんにく ……………………… 1片
　水 ……………………………… 適宜
　無塩バター …………………… 適宜
　塩 ……………………………… 適宜

チュイル

　グリンピース ………………… 50g
　仔鳩レバー …………………… 1羽分
　塩、黒こしょう ……………… 各適宜
　ピュア・オリーブ油 ………… 適宜
　玉ねぎ ………………………… ¼個
　無塩バター …………………… 10g
　ベーコンの煮出し水 ………… 50㎖
　薄力粉 ………………………… 20g
　無塩バター …………………… 適宜
　ピュア・オリーブ油 ………… 適宜
　塩、黒こしょう ……………… 各適宜
　グリンピース、ペコロス、ホワイトアス
　　パラガス、にんじん、アスペルジュ・
　　ソバージュ ………………… 各適宜
　ベーコン ……………………… 適宜
　ラディキオ …………………… 適宜

作り方

ジュ・ド・ピジョノーを作る

❶ 仔鳩をさばき、部位ごとに分ける。ソースにはガラを使う。

❷ オリーブ油を敷いた鍋でガラをよく炒める。

❸ 鍋底にうま味がこびりついたら、1cm角に切ったにんじん、玉ねぎ、セロリをガラよりやや少ない量（合計レードル1杯分）入れ、にんにくを加えて軽く炒める。

❹ 野菜がしんなりしてきたら、ひたひた量の水を注ぎ、1時間煮込む。

❺ シノワで漉し、50㎖まで煮詰める。バターと塩で味を調える。

チュイルを作る

❶ グリンピースをさやから出し、中まで柔らかくなるように塩ゆでする。レバーは塩、こしょうをふり、オリーブ油を敷いたフライパンで炒める。

❷ 玉ねぎはみじん切りにし、バターで軽く炒める。ベーコンの煮出し水を加え、くたくたになるまで煮る。

❸ ②にグリンピースとレバーを加えて軽く煮て味をなじませ、ロボクープでなめらかになるまでまわし、薄力粉を加えて混ぜ合わせる。

❹ 厚さ2㎜ほどの厚紙で三角形や長方形の枠を作ってシルパットに並べる。③をシルパットに塗りつけ、80℃のコンベクションオーブンで1時間乾燥させる。

仔鳩を焼く

❶ 胸肉はバターを表面に塗り、ガス台の上など60～70℃の場所で40分ほど加熱する。

❷ 塩をふり、オリーブ油を敷いたフライパンで強火で表面に焼き目をつける。

❸ もも肉は塩をふり、胸肉と同じフライパンで香ばしく焼く。

❹ ハツと砂肝は血管などを取り除き、塩、こしょうをふってフライパンで香ばしく焼き、ピンに刺す。

仕上げ

❶ グリンピースはさやから出して塩ゆでし、一部をミキサーがまわる程度の液体と一緒にまわしてピュレにする。グリーンピースにピュレをからめる。

❷ ペコロスとホワイトアスパラガスは、それぞれ塩ゆでにし、半分に切ってオリーブ油を敷いたフライパンで焼き色をつける。

❸ にんじんは皮と芯を取り、さいの目に切ってバターで炒め煮し、ミキサーでピュレにする。水分を絞る。

❹ アスペルジュ・ソバージュは塩ゆでする。

❺ ベーコンは棒状に切り、フライパンで香ばしく焼く。

❻ 皿にグリンピースのピュレを刷毛で塗り、❶～❺の野菜とベーコン、仔鳩を盛りつける。ラディキオを生のまま盛りつける。

❼ ジュ・ド・ピジョノーを流して仕上げる。

ペッシュ・アンペラトリス

カラー写真は81ページ

材料（約8人前）

白桃のコンポート
- 白桃 ……… 4個
- 水 ……… 500㎖
- グラニュー糖 ……… 500g
- フランボワーズピュレ ……… 100g
- バニラ ……… 1本
- レモン汁 ……… 1個分

バニラアイスクリーム
- 牛乳 ……… 600g
- 42％生クリーム ……… 120㎖
- バニラ ……… 1本
- グラニュー糖 ……… 120g
- 卵黄 ……… 6個

ビスキュイ・ジョコンド
- 卵白 ……… 50g
- グラニュー糖 ……… 30g
- 全卵 ……… 35g
- 粉糖 ……… 25g
- アーモンドパウダー ……… 25g
- 薄力粉 ……… 22g

- フランボワーズピュレ ……… 適宜
- マラスキーノ ……… 適宜
- さくらんぼ、アメリカンチェリー ……… 各適宜
- ナパージュ（非加熱タイプ） ……… 適宜
- ピスターシュ（ローストしておく） ……… 適宜

作り方

白桃のコンポートを作る

❶ 白桃を湯むきし、3～5㎜厚さになるようにかつらむきにする。
❷ 白桃以外の材料をすべてわかし、グラニュー糖を溶かしてシロップを作る。
❸ シロップを火からはずし、桃を加えて10分ほどおき、余熱でコンポートにする。氷水を当てて冷やす。
❹ バラ形になるように巻き、紙コップに入れて成形する。冷凍庫で凍らせる。

バニラアイスクリームを作る

❶ 牛乳と生クリームを混ぜ合わせ、バニラビーンズとさやも一緒に入れて沸騰直前まで温める。
❷ グラニュー糖と卵黄をすり混ぜる。
❸ ❷に❶を加えて混ぜ合わせ、鍋に戻す。
❹ 弱火にかけ、木べらでゆっくり炊く。
❺ たれない程度の固さになったらすぐに氷水で冷やし、シノワで漉してパコジェットの容器に入れて冷凍する。
❻ パコジェットをまわしてなめらかにし、紙コップに5㎝高さまで入れ、冷凍庫で凍らせる。

ビスキュイ・ジョコンドを焼く

❶ 卵白にグラニュー糖を加え、固くメレンゲを立てる。
❷ 別のボウルで全卵、粉糖、アーモンドパウダーをすり混ぜ、白っぽくなるまで撹拌する。
❸ ❷に❶を半量加えてざっと合わせ、薄力粉を入れて粉っぽさがなくなるまで混ぜる。
❹ 残りのメレンゲを加え、まんべんなく合わせる。
❺ 5㎜厚さになるように伸ばして200℃のオーブンで8～9分焼き、直径5㎝のセルクルで抜く。

仕上げ

❶ フランボワーズピュレ100㎖に対してマラスキーノ15㎖を加えてソースを作る。
❷ さくらんぼにナパージュを塗り、丸口金で抜いたアメリカンチェリーを張りつけててんとう虫に見立てる。
❸ バニラアイスクリームを取り出し、刻んだローストピスターシュをまわりに張りつける。
❹ 器にソースを流し、ビスキュイ・ジョコンド、バニラアイスクリーム、白桃のコンポートを重ねてのせる。
❺ ナパージュにマラスキーノを加え、白桃のコンポートに塗る。
❻ 黄色の食用バラの花びらを飾った皿の上に器を盛り、さくらんぼのてんとう虫を添える。

トマトのムース、アールグレイの香り
トマトのスープ、アールグレイの香り

カラー写真は85、87ページ

材料（20人前）
トマトウォーター（出来上がりは約1ℓ）
　トマト ……………………… 2kg
　塩、白こしょう …………… 各適宜
　板ゼラチン（ムースの場合のみ）… 3g
アールグレイオイル
　アールグレイ茶葉 ………… 50g
　グレープシード油 ………… 500㎖
ブーラッシュの花 …………… 適宜

作り方
トマトウォーターを作る
❶ トマトを湯むきし、手でもみつぶす。ミキサーを使うと種のえぐみが出るので注意。
❷ 塩、こしょうを加え、バットに入れて平らにならし、12時間以上凍らせる。凍らせることで細胞を壊し、水分を抽出しやすくする。
❸ 室温で自然解凍し、紙漉しする。
❹ ムースにする場合は、トマトウォーター500㎖を取り、そのうち100㎖を温め、水で戻したゼラチンを加えて溶かす。塩、こしょうで味を調えるさいは塩をやや強めにし、エスプーマのボンベに入れ、亜酸化窒素ガスを注入する。

アールグレイオイルを作る
❶ アールグレイの茶葉をミルサーで粉末にする。
❷ グレープシード油に①を加えてラップをかけ、50℃程度の場所で7〜8時間おいて香りを移す。漉さずに密封瓶に入れて保存する。

仕上げ
❶ スープ皿にブーラッシュの花を飾り、客席でトマトウォーターを注ぐ。
❷ アールグレイオイルを数か所散らす。
❸ ムースの場合は、小さなグラスにエスプーマを絞り出し、ブーラッシュの花を飾る。アールグレイオイルを上面にたらす。

尾長鯛のロースト、ソース・ショコライボワール

カラー写真は95ページ

材料（約25人前）
ソース・ショコライボワール
　白ワイン ………………… 500㎖
　38％生クリーム ………… 20〜30㎖
　無塩バター ……………… 250〜300g
　ホワイトチョコレート（イボワール、
　　ヴァローナ社製）……… 30g
　塩 ………………………… 適宜
尾長鯛 ……………………… 約2kg
塩 …………………………… 適宜
ピュア・オリーブ油 ………… 適宜
ホワイトチョコレート（イボワール、
　ヴァローナ社製）………… 適宜

作り方
ソース・ショコライヴォワールを作る
❶ 白ワインを液体がなくなるぎりぎりまで煮詰める。
❷ 生クリームを加えて伸ばし、小さく切ったバターを加えて泡立て器で混ぜて溶かし込む。
❸ ホワイトチョコレートを加えてバターと同様に溶かし込み、塩で味を調える。シノワで漉す。

仕上げ
❶ 尾長鯛は3枚におろし、1人前65gずつに切り分ける。塩をふり、250℃のオーブンに30秒入れ、取り出して温かいところで30秒〜1分休ませる。
❷ オーブンに入れては休ませる作業をくり返し、芯温を46〜47℃にする。
❸ オリーブ油を敷いたフライパンで皮面だけをカリカリになるまで焼く。
❹ 皿に盛りつけ、ホワイトチョコレートを全体に削り、ソースを流す。

厚岸牡蠣とそのスープ、炭のクルトン

カラー写真は89ページ

材料（15〜20人前）

ブイヨン・ド・レギューム（出来上がりは約1ℓ）
- 水 — 5ℓ
- 玉ねぎ — 4個
- にんじん — 2本
- セロリ — 3本

炭のクルトン
- 薄力粉 — 30g
- 竹炭粉 — 4g
- グラニュー糖 — 10g
- 焼塩 — 4g
- 全卵 — 3個
- ドライイースト — 4g
- 竹炭粉（濃色用） — 1g

牡蠣のスープ
- 白ワイン — 300mℓ
- 水 — 300mℓ
- ブイヨン・ド・レギューム — 700mℓ
- 牡蠣 — 500g
- 38％生クリーム — 300mℓ
- 有塩バター — 100g
- 塩、白こしょう — 各適宜

牡蠣 — 30〜40個
シャンパン — 適宜
塩 — 適宜

作り方

ブイヨン・ド・レギュームを作る

❶ 玉ねぎ、にんじん、セロリをそれぞれ薄切りにし、水を注いで沸騰させる。
❷ 沸騰したら弱火にし、アクをすくいながら2〜3時間煮込む。
❸ シノワで漉し、1ℓになるまで煮詰める。

炭のクルトンを作る

❶ すべての材料をハンドミキサーで混ぜ合わせる。半量に分け、片側には竹炭粉を1g追加して混ぜ合わせ、濃淡2種類を作る。
❷ それぞれをシノワで漉し、エスプーマのボンベに入れて常温で30分寝かせ、イーストの発酵を促す。
❸ 使い捨て用のプラスチックコップに1/3量絞り出し、180〜200Wの電子レンジで30〜45秒温める。
❹ コップいっぱいにふくらんだら、コップを逆さにして冷蔵庫で冷やす。
❺ 完全に冷えたらまわりをコップからはがして取り出し、ひと口大にちぎる。
❻ コンベクションオーブンを湿度0％、30℃に設定し、12時間以上乾燥させる。
❼ 桜のスモークウッドを入れた鍋に網を敷き、炭のクルトンを入れる。火をつけて煙が出たら蓋をし、10〜15分ほど燻製にかける。

牡蠣のスープを作る

❶ 白ワインを水分がほぼなくなるまで煮詰める。
❷ 水とブイヨン・ド・レギュームを注ぎ、殻からはずした牡蠣を加える。わかさないように注意しながら牡蠣がふっくらするまでゆでる。
❸ 生クリーム、バターを加えて溶かし、塩、こしょうを加えてミキサーでなめらかなピュレにする。シノワで漉す。
❹ 塩で味を調え、バーミックスで泡立てる。

仕上げ

❶ 殻をはずした牡蠣を鍋に入れ、シャンパンを少量入れて軽く塩をし、鍋を揺すりながらふっくらしてくるまで蒸し煮する。
❷ 深皿に牡蠣2個を入れてスープを注ぎ、別皿に2色のクルトンを盛って供する。

スペルト小麦のタルトレット、ビールとオレンジの香り

カラー写真は91ページ

材料（70個分）

クレーム・ダマンド
無塩バター	200g
粉糖	200g
アーモンドプードル	200g
全卵	2½個

タルトレット
ヘーゼルナッツペースト	110g
無塩バター	70g
卵黄	2個
卵白	50g
塩	9g
グラニュー糖	10g
薄力粉	300g

スペルト小麦のピュレ
スペルト小麦	50g
白ビール	250㎖
水	250㎖
コンソメ・ド・ヴォライユ	100㎖
オレンジ皮	¼個分
塩	適宜

オレンジクリーム
アーモンドプードル	220g
粉糖	200g
オレンジオイル	100g
レモン汁	40㎖
水	40㎖

スペルト小麦のクルスティアン
スペルト小麦	適宜
ブレンド油	適宜
塩	適宜
オレンジ皮	適宜

＊オレンジオイルはエクストラバージン・オリーブ油にオレンジ皮を加えて冷凍し、パコジェットで回して紙漉ししたもの。
＊ブレンド油は自家製のもの。

作り方

クレーム・ダマンドを作る
❶ 常温に戻したバターに粉糖とアーモンドプードルを混ぜ合わせる。
❷ 卵を加えてよく混ぜ合わせる。

タルトレットを焼く
❶ ロボクープに薄力粉以外の材料を入れて全体がそぼろ状になるまで混ぜ合わせる。
❷ 薄力粉を加え、全体がまとまるまで混ぜる。
❸ 3mm厚さに伸ばし、直径2.5cmのタルトレット型に敷き込み、ふちをカットする。
❹ 150℃のコンベクションオーブンで15分焼いて取り出す。
❺ クレーム・ダマンドを絞り袋に入れてタルトレットに少量絞り入れ、さらに10分焼く。
❻ オーブンから出して型からはずし、さます。

スペルト小麦のピュレを作る
❶ スペルト小麦を鍋に入れ、かぶる程度の水を注いで20～30分ゆでる。シノワで漉す。
❷ 別鍋に残りの材料と①を入れ、ミキサーが回る程度の水分量になるまで煮詰める。
❸ ミキサーでピュレにし、塩で味を調える。冷蔵庫で冷やしておく。

オレンジクリームを作る
❶ すべての材料をフードプロセッサーで混ぜ合わせ、なめらかなクリーム状にする。

スペルト小麦のクルスティアンを作る
❶ スペルト小麦を鍋に入れ、かぶる程度の水を注いで20～30分ゆでる。
❷ コンベクションオーブンを湿度0％、温度30℃に設定し、12時間乾燥させる。
❸ 200℃のブレンド油で素揚げし、油を切って塩を軽くふる。

仕上げ
❶ タルトレットにオレンジ皮を削り入れ、スペルト小麦のピュレを絞り入れる。中央にオレンジクリームを絞り、オレンジ皮を軽くふる。
❷ クルスティアンで上面を覆い、オレンジ皮を軽くふる。一皿に2個盛って供する。

仔牛の枝、カマンベールのモワルー、ミントの香り

カラー写真は93ページ

材料（30人前）

仔牛のコンソメジュレ
- 仔牛もも肉 ………… 2kg
- 塩 ………… 適量
- 玉ねぎ ………… 2個
- にんじん ………… 2本
- セロリ ………… 2本
- にんにく ………… 1株
- 白ワイン ………… 300㎖
- 水 ………… 2ℓ
- ローリエ ………… 2枚
- タイム ………… 2本
- 玉ねぎ（クラリフィエ用） ………… 1個
- にんじん（クラリフィエ用） ………… 1本
- セロリ（クラリフィエ用） ………… 1本
- 卵白（クラリフィエ用） ………… 150g

カマンベールのモワルー
- 38％生クリーム ………… 100㎖
- 牛乳 ………… 200㎖
- カマンベールチーズ ………… 100g
- 板ゼラチン ………… 6g
- ヨーグルト ………… 150g
- ジェルエスペッサ（増粘剤、SOSA社製） ………… 3g
- 無塩バター ………… 30g

ベルガモットミントオイル
- ベルガモットミント ………… 100㎖
- エクストラバージン・オリーブ油 ………… 500㎖

ミントの葉、オキサリス ………… 各適宜

作り方

仔牛のコンソメジュレを作る

❶ 仔牛肉は流水に半日さらして血抜きし、色を白くする。

❷ 水分を拭き取り、塩で軽く下味をつける。

❸ 鍋に②、玉ねぎ、にんじん、セロリの薄切り、横半分に切ったにんにく、白ワイン、水を入れて沸騰させ、アクと脂を取り除く。

❹ ローリエとタイムを加え、蓋をして100℃のスチームコンベクションで5時間煮る。シノワで漉し、肉を戻して1日冷やす。

❺ 玉ねぎ、にんじん、セロリの薄切りと卵白を鍋に入れてよく練る。

❻ ④の液体を注いで混ぜ合わせ、かき混ぜながらゆっくり加熱する。

❼ 45℃程度になったら混ぜるのをやめて弱火にし、中央に穴を開けてときどき混ぜながら煮込み、1〜2時間かけて液体を澄ませる。

❽ シノワで漉し、ソース程度の濃度がつくまで煮詰める。

❾ スープ皿に12g注ぎ、冷やし固める。

カマンベールのモワルーを作る

❶ 生クリームと牛乳を混ぜ合わせて温め、チーズを加えて溶かす。

❷ 80℃程度まで温めてとろみが出たら、ハンドミキサーで撹拌する。

❸ 水で戻したゼラチンを加えて溶かし、ヨーグルト、ジェルエスペッサ、バターを順に加えて撹拌する。

❹ シノワで漉し、常温になるまでさまし、コンソメジュレの上に20g注いで冷やし固める。

仔牛のクルスティアンを作る

❶ コンソメを作ったときの肉を皮や筋などを取り除き、ピンセットで繊維をほぐす。

❷ 枝状になるようにウェーブをつけて自由に成形し、オーブンシートにのせ、コンベクションオーブンを湿度0％、30℃に設定して12時間以上乾燥させる。

ベルガモットミントオイルを作る

❶ ベルガモットミントを半量に分け、半分は塩水で軽くゆでてよく水気を拭き取る。残りは生のまま使う。

❷ ①とオリーブ油を混ぜ合わせてパコジェットの容器に入れ、12時間以上冷凍する。

❸ パコジェットをまわし、紙漉しする。

仕上げ

❶ 直径5㎜の丸抜き型でモワルーの一部をくり抜き、そこにベルガモットミントオイルを注ぐ。

❷ 仔牛のクルスティアンを盛りつけ、ミントの葉とオキサリスを飾る。

鰆と牛蒡のキャラメリゼ、ほうじ茶のソース

カラー写真は96ページ

材料（25人前）

ほうじ茶のソース
- ほうじ茶 —— 30g
- 白ワイン —— 500㎖
- フュメ・ド・ポワソン —— 250㎖
- 38％生クリーム —— 50㎖
- 無塩バター —— 250～300g
- 塩 —— 適宜

ごぼうパウダー
- ごぼう —— 500g

ごぼうのキャラメリゼ
- ごぼう —— 6本
- にんにくオイル —— 適宜
- 塩 —— 適宜
- 白ワイン —— 300㎖
- フュメ・ド・コキーユ —— 500㎖
- 水 —— 200㎖
- にんにくオイルのにんにく —— 1片
- タイム —— 1～2本
- メープルシロップ —— 30㎖
- カソナード —— 適宜

- サワラ —— 5kg大1尾分
- 塩 —— 適宜
- 有塩バター —— 適宜
- ピュア・オリーブ油 —— 適宜
- フルール・ド・セル、白こしょう —— 各適宜

＊にんにくオイルは、焼き色をつけたにんにくをグレープシード油に入れ、50℃程度の場所で7～8時間おいて香りを移したもの。

作り方

ほうじ茶のソースを作る

❶ ほうじ茶をフライパンで軽く煎っておく。
❷ 白ワインを¼量まで煮詰める。
❸ フュメ・ド・ポワソンを加え、煮詰まってきたところでほうじ茶を加え、5分ほど煮て香りを移す。¼量まで煮詰める。
❹ 生クリームを加えて混ぜ合わせ、小さく切ったバターを加えて泡立て器で混ぜて溶かし込む。塩で味を調え、シノワで漉す。

ごぼうパウダーを作る

❶ ごぼうは汚れをよく落とし、皮はむかずに同じ太さになるようにぶつ切りする。
❷ コンベクションオーブンを湿度0％、30℃に設定し、12時間乾燥させる。
❸ ミルサーで粉状にする。

ごぼうキャラメリゼを作る

❶ ごぼうは汚れをよく落として皮をむき、10㎝程度の長さに切り分ける。
❷ にんにくオイルを入れたフライパンで表面に焼き色がつくまで焼き、軽く塩をふる。
❸ 鍋に白ワインを入れて半量まで煮詰め、フュメ・ド・コキーユ、水、にんにく、タイム、メープルシロップ、ゴボウを加え、蓋をして170℃のコンベクションオーブンで3時間煮込む。液体ごと完全にさます。
❹ 再度温め、ゴボウの表面を軽く拭き取って180℃のコンベクションオーブンに2～3分入れて表面を乾かす。
❺ カソナードをふりかけ、バーナーで焦がす。

サワラに火入れする

❶ サワラは皮つきのまま背側と腹側に分け、血合いを取り除く。2ℓの水に30gの塩を入れた塩水に12時間浸けておく。
❷ 表面の水気をふき、65gずつに切り分ける。ラップを敷いたバットの上にのせ、ポマード状の有塩バターを塗る。
❸ 表面にラップをかけ、58℃のスチームコンベクションで15分蒸し、芯温を50℃にする。
❹ 皮面をバーナーで完全に焦がし、皮をはがす。
❺ オリーブ油を敷いたフライパンに有塩バターを入れて焦がしバターにし、皮面を下にしてサワラを入れ、皮面だけをカリカリになるまで焼く。

仕上げ

❶ 皿にサワラを盛りつけ、皮面にごぼうパウダー、フルール・ド・セル、こしょうをふりかける。
❷ 半分の長さに切ったごぼうのキャラメリゼを2本のせ、フルール・ド・セル、ごぼうパウダーを軽くふりかける。
❸ ほうじ茶ソースを流す。

フュメ・ド・コキーユ

材料（出来上がりは約500㎖）
- 白ワイン —— 200㎖
- 水 —— 300㎖
- 白貝 —— 1kg

作り方

❶ 白ワインを軽く煮詰め、水と白貝を加えて蓋をする。
❷ シノワで漉す。

特別顧問
『料理の手引き』
原書翻訳・注釈　五島　学

撮　影　　南都礼子
デザイン　　津嶋デザイン事務所（津嶋佐代子）
企画・編集　オフィスSNOW（畑中三応子、木村奈緒）

フランス料理の応用力を鍛える
エスコフィエの新解釈

発行日　2018年9月5日　初版発行

編　著　オフィスSNOW
発行者　早嶋　茂
制作者　永瀬正人
発行所　株式会社 旭屋出版
　　　　〒107-0052 東京都港区赤坂1-7-19
　　　　　　　　　キャピタル赤坂ビル8階
　　　　電話　03-3560-9065（販売）
　　　　　　　03-3560-9066（編集）
　　　　FAX　03-3560-9071（販売）

旭屋出版ホームページ　http://www.asahiya-jp.com
郵便振替　00150-1-19572
印刷・製本　株式会社 シナノ パブリッシング プレス
ISBN 978-4-7511-1343-1　C2077

定価はカバーに表示してあります。
落丁本、乱丁本はお取り替えします。
無断で本書の内容を転載したりwebで記載することを禁じます。
ⓒOFFICE SNOW & ASAHIYA SHUPPAN 2018, Printed in Japan